PICKNICK

LYKKELIG

LA PETITE CUISINE

TÖRTCHENZEIT

LIZ&
JEWELS

EIN KLITZEKLEIN(ES)BLOG

Umschau

PICKNICK

Umschau

INHALT

Zum Glück gestrandet mit Rike

Lust auf Karibik mit Susanne

Jessis Midsommar

HERAUSSPAZIERT IN DEN ZIRKUSWALD
MIT LIZ & JEWELS

EIN PICKNICK AM SEE
MIT DANI

Hej, ich bin Rike

Auf meinem Blog „Lykkelig" schreibe ich über alles, was mich glücklich macht. Das sind vor allem Süßes und Herzhaftes. Was mich aber auch ganz schön glücklich macht, ist der Sommer! Ich bin ein richtiges Sommerkind. Mir kann der Himmel nicht blau, die Luft nicht warm und die Limo nicht kalt genug sein. An einem echten Sommertag zaubere ich schnell ein paar easy-peasy Leckereien in der Küche, schnappe mir meine liebsten Freunde und mein Fahrrad und radle an den Hamburger Elbstrand. Mit Focaccia in der Hand und Blick aufs Wasser kann sich kein Sommer besser anfühlen. Manchmal sitzen wir stundenlang auf der Picknickdecke, schlagen uns die Bäuche voll und genießen den lauen Sommerabend.

In diesem Buch findet ihr meine liebsten Rezepte für ein herrlich entspanntes Picknick. Sie alle sind einfach in der Zubereitung, grandios im Geschmack und lassen sich leicht transportieren. Und sie machen glücklich! Ich schwöre euch: Nach zwei bis drei Focaccias habe ich schon Purzelbäume am Strand geschlagen. Immer her mit dem schönen Leben.

LYKKELIG

SAND   +++++
WELLEN   ++
SOMMERSPROSSEN +++

 Ahoi

 100% SOMMERKIND

 100% CHIPSSÜCHTIG

Ich bin süchtig! Und zwar nach diesen Süßkartoffelchips.
Eigentlich schaffen sie es selten auf die Picknickdecke, denn kaum sind sie aus dem Ofen,
sind sie auch schon in meinem Bauch.

Süßkartoffelchips
MIT MEERSALZ

Ergibt ca. 50 g Chips

3 große Süßkartoffeln
3 EL Olivenöl
Salz und frisch gemahlener schwarzer Pfeffer

Den Backofen auf 160 °C Ober- und Unterhitze vorheizen. Die Süßkartoffeln schälen und z. B. mit einem Sparschäler in gleichmäßig dünne Scheiben schneiden (2 mm dick). Ein Backblech mit Backpapier auslegen. Die Süßkartoffelscheiben einzeln darauflegen, mit etwas Olivenöl beträufeln, salzen, pfeffern und für ca. 15 Minuten im Ofen backen. Die Chips beim Backen im Auge behalten, da sie schnell bräunen. ⁓

⚓ DIY

Ein maritimes Chipstütchen ist schnell selbst gemacht: Einfach eine Butterbrottüte mit „Ahoi"-Motiv bestempeln und mit blau-weißem Garn verzieren, fertig!

Ich bin ein großer Fan der Picknickidee,
Gemüsesticks und Dip zusammen in ein Glas zu füllen.
So kleckert nichts — und hübsch aussehen tut es obendrein!

Gemüsesticks
MIT KRESSEDIP

Ergibt 2 Gläser à 500 ml

2 Karotten......3 Selleriestangen......1 gelbe Paprika
1 rote Paprika......100 g Frischkäse
200 g Crème fraîche......1 Pck. Kresse......1 Frühlingszwiebel
Salz und frisch gemahlener schwarzer Pfeffer

Die Karotten schälen, den Sellerie und die Paprika waschen und putzen. Karotten, Sellerie und Paprika in dünne Streifen schneiden, dabei die Länge der Streifen an die Höhe der Gläser anpassen.

Den Frischkäse mit der Crème fraîche verrühren. Die Frühlingszwiebel waschen, putzen und in dünne Ringe schneiden. Die Frühlingszwiebelringe mit der Kresse unter die Frischkäsemischung rühren und mit Salz und Pfeffer abschmecken.

Den Dip gleichmäßig auf dem Boden der Gläser verteilen. Danach die Sticks hinein-stecken und das Glas verschließen.

⚓ Tipp: Statt mit Kresse und Frühlingszwiebeln könnt ihr den Dip auch toll mit gehacktem frischem Koriander und geröstetem Sesam verfeinern.

*Diesen Salat esse ich jedes Jahr auf dem Geburtstagspicknick
meiner besten Freundin Christin. Und ich verliebe mich immer wieder neu in ihn.
Die Kombination von Bulgur, Minze und Hüttenkäse ist fabelhaft.*

Bulgur-Salat
MIT MINZE, HÜTTENKÄSE, FETA
und Pinienkernen

Ergibt 3–4 Portionen als Beilage

*250 g Bulgur......50 g Pinienkerne......½ Gurke......400 g Feta......2 Salatherzen
3 Minzstängel......300 g körniger Frischkäse......3 EL Olivenöl
2 EL Zitronensaft......Salz und frisch gemahlener schwarzer Pfeffer*

Den Bulgur nach Packungsanweisung zubereiten. Die Pinienkerne kurz in einer Pfanne ohne Fett rösten. Die Gurke schälen und würfeln, den Schafskäse ebenfalls würfeln. Die Salatherzen waschen, putzen und in feine Streifen schneiden. Die Minze waschen, trocken schütteln und hacken. Alle Zutaten in einer Schale miteinander vermengen und mit Olivenöl, Zitronensaft, Salz und Pfeffer abschmecken. ~~~~~

⚓ DIY
Die süßesten Salz- und
Pfefferstreuer fürs Picknick:
Mit einem Hammer und einem
feinen Nagel kleine Löcher in
Mini-Marmeladengläser
schlagen, Salz und Pfeffer
einfüllen, fertig!

Eine Kracher-Kombination:

Wassermelone, Fetakäse und Minze! Hier nicht als Salat, sondern als Spieß.

Schmeckt mit der Vinaigrette sensationell.

Wassermelone-
Feta-Minz-Spieße
MIT VINAIGRETTE

Ergibt ca. 10 Spieße

800 g Wassermelone

400 g Feta......4 Minzestängel

50 ml Olivenöl......1 EL Senf......1 EL Ahornsirup

20 ml weißer Balsamicoessig

Salz und frisch gemahlener schwarzer Pfeffer

Schaschlikspieße

Das Fruchtfleisch der Wassermelone und den Feta in daumengroße Würfel schneiden. Die Minze waschen, trocken schütteln und die Blätter abzupfen. Wassermelone, Feta und Minzeblätter abwechselnd auf die Spieße stecken – dabei vorsichtig arbeiten, damit der Feta nicht bröckelt.

Für die Vinaigrette das Olivenöl mit dem Senf, dem Ahornsirup und dem Essig verrühren und mit Salz und Pfeffer abschmecken. Beim Picknick die Vinaigrette über die Spieße träufeln.

⚓ Tipp: Damit der Feta beim Aufspießen nicht so schnell bricht, die Schaschlikspieße vorher 1 Minute in Wasser einweichen.

Ich schwöre:

Die kleinen Focaccias machen so glücklich,

dass man Purzelbäume auf der Picknickdecke schlagen könnte!

Mini-Focaccia
MIT KARTOFFELN, ZIEGENKÄSE
und Rosmarin

Ergibt 8 Stück

80 ml Olivenöl zzgl. 30 ml zum Bestreichen......2 EL Ahornsirup

1—2 TL Meersalz......25 g frische Hefe......400 g Weizenmehl

2 große Kartoffeln......400 g schnittfester Ziegenkäse......8 Rosmarinzweige

Für den Teig 200 ml lauwarmes Wasser mit 80 ml Olivenöl, dem Ahornsirup und dem Meersalz in einer großen Schüssel verrühren. Die Hefe hineinbröckeln und unter Rühren auflösen. Das Mehl hinzugeben und in der Küchenmaschine oder per Hand nach und nach einarbeiten und gut verkneten. Den Teig abdecken und ca. 45 Minuten gehen lassen.

Den Teig noch einmal durchkneten und zu acht Kugeln formen. Ein Backblech mit Backpapier auslegen, das Papier mit 15 ml Öl bestreichen und mit Meersalz bestreuen. Die Teigkugeln darauflegen und mit der Handfläche auf eine Höhe von ca. 1,5 cm flach drücken. Mit einem Küchentuch abdecken und erneut 30 Minuten gehen lassen.

Den Backofen auf 220 °C Ober- und Unterhitze vorheizen. Die Kartoffeln mit dem Sparschäler in dünne Scheiben schneiden, den Ziegenkäse würfeln. Kartoffelscheiben und Ziegenkäse mit dem Rosmarin auf den Teigfladen verteilen, mit dem restlichen Olivenöl beträufeln und für ca. 10 Minuten backen.

⚓ Tipp: Statt mit Kartoffeln, Ziegenkäse und Rosmarin könnt ihr die Focaccia auch mit getrockneten Tomaten und Parmesan belegen.

Für dieses Rezept haben sich kleine Garnelen in köstlichen Filoteig geschmissen, um dann nach einem kurzen Sprung in die Aioli direkt in den Mund zu wandern. Köstlich!

Garnelen im Knusperteig
MIT BLITZ-AIOLI

Ergibt 25 Stück

2–3 EL Speiseöl......25 rohe Garnelen......1 TL Paprikapulver
4 Lagen Filoteig (aus der Kühltheke)
50 g Butter......1 kleine frische Knoblauchzehe......100 g Salatmayonnaise
300 g Schmand......Salz und Cayennepfeffer

Das Öl in einer Pfanne erhitzen und die Garnelen darin nacheinander von jeder Seite ca. 40 Sekunden braten. Mit Salz und Paprikapulver würzen und abkühlen lassen.

Den Backofen auf 175 °C Umluft vorheizen und ein Backblech mit Backpapier belegen. Den Filoteig aus dem Kühlschrank nehmen und ca. 10 Minuten bei Zimmertemperatur ruhen lassen.

Die Butter in einem kleinen Topf schmelzen. Die Filoteigblätter längs in acht breite Streifen schneiden und jeden mit der Butter bestreichen. Jede Garnele mit einem Teigstreifen umwickeln und auf das Backblech legen. Im Ofen für 10-12 Minuten goldbraun backen.

Für den Dip den Knoblauch schälen und pressen. Mit der Mayonnaise, dem Schmand und 1 EL Wasser in einer Schüssel verrühren und mit Salz und Cayennepfeffer abschmecken.

⚓ Tipp: Der übrige Filoteig lässt sich z. B. als Tarteboden verwenden. Statt Garnelen könnt ihr auch Hühnchen im Knusperteig zubereiten. Dafür einfach Hähnchenbrustfilet in längliche Streifen schneiden und wie die Garnelen in den Teig wickeln.

Calzone ist eine prächtige Erfindung der Italiener. Es scheint, als hätten sie gedacht:
Mit Pizza lässt es sich nicht gut picknicken, dazu bäckt man am besten Calzone.

Mini-Calzone
MIT LACHS, SPINAT, DILL
und Zitrone

Ergibt 6 Portionen

1 kleine Zwiebel......1 TL Butter......100 g frischer Babyspinat
1 Prise Muskatnuss......150 g frischer Lachs (oder TK, aufgetaut)
2 EL Zitronensaft......1 Rolle (400 g) frischer Pizzateig
1 EL Dill, gehackt......2 EL Schmand......1 EL Zitronensaft......Salz

Den Backofen auf 230 °C Ober- und Unterhitze vorheizen und ein Backblech mit Back-papier belegen. Die Zwiebel schälen, fein hacken und mit der Butter in einem kleinen Topf glasig dünsten. Den Spinat waschen, trocken schütteln und so lange im Topf mit anschwitzen, bis er zusammenfällt. Mit Salz und Muskatnuss abschmecken.

Den Lachs in dünne Streifen schneiden und mit dem Zitronensaft beträufeln. Den Pizzateig dünn auf einem großen Brett ausrollen. Mit einem Ausstecher oder einem großen Glas sechs Kreise von ca. 10 cm Durchmesser ausstechen. Jeweils in eine Hälfte jedes Kreises Lachs, Spinat, Dill und etwas Schmand geben. Dann die Kreise zu Halbmonden zusammenklappen. Die Ränder mit einer Gabel rundherum fest andrücken.

Die Teigtaschen auf das Backblech legen und im Ofen 15–20 Minuten backen, bis sie bräunen und knusprig werden.

⚓ Tipp: Ihr mögt keinen Fisch? Dann ersetzt ihn einfach durch 150 g Mozzarella.

Ein Kirsch-Vanille-Crumble ist das beste Dessert der Welt!
Süße Kirschen und knusprige Streusel — danach schwebt jeder einige Meter über
der Picknickdecke im Crumble-Himmel.

Kirsch-Vanille-
CRUMBLE

Ergibt 6 Portionen

700 g Sauerkirschen aus dem Glas
75 g kalte Butter......1 Vanilleschote......60 g Weizenmehl
60 g Haferflocken......80 g Zucker
6 ofenfeste Einmachgläser à 220 ml

Den Backofen auf 150 °C Umluft vorheizen. Die Kirschen in einem Sieb gut abtropfen lassen. Die Butter in kleine Würfel schneiden, das Mark aus der Vanilleschote kratzen. Die Butter mit dem Mehl, den Haferflocken, dem Zucker und Vanillemark in eine Schüssel geben und mit den Händen rasch vermengen. Dabei den Teig mit den Fingerspitzen zu Streuseln zerkrümeln.

Die Kirschen gleichmäßig auf die Gläser verteilen und die Streusel darüberstreuen. Die Gläser können ruhig voll sein, denn Kirschen und Streusel sacken beim Backen noch ab. Ohne Deckel für 25–30 Minuten backen. Zum Transport die Gläser verschließen.

⚓ Tipp: Statt Kirschen könnt ihr auch Himbeeren, Heidelbeeren, Äpfel, Aprikosen oder Pfirsiche für euren Crumble verwenden.

Crème fraîche im Rührteig? Eine fabelhafte Idee! Denn so wird der Guglhupf wunderbar saftig. Achtung: großer Suchtfaktor.

Crème-fraîche-Guglhupf
MIT HIMBEEREN

Ergibt 1 Guglhupf

6 Eier......160 g Zucker......1 Pck. Vanillezucker
150 g Crème fraîche......150 ml Sonnenblumenöl......350 g Mehl
300 g frische Himbeeren

2,5-l-Guglhupf-Form

Den Backofen auf 150 °C Umluft vorheizen und die Guglhupfform einfetten. Die Eier mit dem Zucker und dem Vanillezucker in eine Rührschüssel geben und mit dem Handrührgerät zu einer dicken Creme aufschlagen. Nacheinander die Crème fraîche und das Öl dazugeben und verrühren. Anschließend das Mehl unterrühren. ～～～

Die Himbeeren waschen, trocken tupfen und mit einem Löffel vorsichtig unterheben. Den Teig in die Guglhupfform geben und im Ofen für 50 Minuten backen. Nach dem Backen 30 Minuten in der Form abkühlen lassen, während du zum Picknick radelst. Dort dann auf einen Teller stürzen – oder direkt aus der Form schneiden. ～～～

⚓ Tipp: Bei einer kleinen Guglhupfform verringert sich die Backzeit um ca. 15 Minuten. Einfach mit einem Holzstäbchen die Garprobe machen: Bleibt flüssiger Teig daran haften, ist der Kuchen noch nicht gar.

Mit einer selbst gemachten Limo kann

keine aus dem Supermarkt mithalten. Ich liebe die Kombination aus Ingwer und Rosmarin.

Toll schmeckt sie auch mit Basilikum und Gurke.

INGWER—ROSMARIN-
Limonade

Ergibt ca. 1 l Limonade

Für den Sirup:

3 Rosmarinzweige......1 daumengroßes Stück Ingwer

200 ml frisch gepresster Limettensaft (von ca. 5 Limetten)......120 g Zucker

Zum Auffüllen:

ca. 700 ml Mineralwasser

Den Rosmarin waschen, trocken schütteln und die Nadeln grob hacken. Den Ingwer schälen und in dünne Scheiben schneiden. Den Limettensaft in einem Topf mit 100 ml stillem Wasser mischen, erhitzen und den Zucker darin unter Rühren auflösen.

Rosmarinzweige und Ingwer in den Limettensirup geben, den Herd ausschalten und den Sirup im Topf ziehen und abkühlen lassen. Den Sirup in Gläser verteilen und je nach gewünschter Geschmacksintensität mit Mineralwasser aufgießen.

⚓ DIY

Schön & praktisch!

Die Limonade zu Hause direkt

in kleine Marmeladengläser

abfüllen. So hat jeder

am Strand seine

eigene Brause!

LUST ✕ AUF

Karibik

LA PETITE CUISINE

CAIPI +++
MOJITO +++
PINA COLADA ++

120%   100%

HUMORVOLL   REGEN-VERZICHTER

SUSANNE SCHANZ
What a feeling

Die Idee, ein karibisches Picknick am Strand zu machen,

kam mir irgendwie zugeflogen. Vor meinem inneren Auge sah ich

schon die leuchtenden Farben: Türkis, Blassrosa, Sonnengelb, Dunkelgrün!

Ich schmeckte die süße Ananas und die saftige Wassermelone,

die quietschsauren Limetten und die duftende Minze.

Ich roch Piment, Muskat und Koriander in ihrer ganzen wunderbaren Exotik.

Ich spürte die prickelnde Schärfe von Chili und Ingwer auf meiner Zunge.

Nebenher hörte ich das Rauschen von Palmen und von Meereswellen.

Sah mich aus einer Kokosnuss trinken. Träum!

Und das alles, obwohl ich keinerlei persönliche Erinnerungen an die Südsee habe.

Denn weder bin ich dort geboren, noch war ich bis jetzt dort. Aber in mir herrscht seit

einiger Zeit das Gefühl, öfter mal etwas Neues zu wagen, neue Wege zu gehen.

In Farben und neue Gewürze einzutauchen –

für mich und meinen Blog La petite cuisine.

Mein Ausflug in die Karibik war ein großartiges, sinnliches Abenteuer.

Lasst euch also entführen in meinen Südseetraum.

Der Mojito kommt ursprünglich aus Kuba und sein Name bedeutet so viel wie „kleiner Zauber".
Die Passionsfrucht ist auch so ein kleiner Zauber. Nämlich außen pfui und innen hui!
Die wahre Schönheit der Passionsfrucht, oder auch Maracuja, liegt eben in ihrem Inneren.
Dort leuchtet sie hellgelb und betört mit ihrem herrlichen Duft. Für diesen Mojito habe ich die Passions-
früchte mit der fruchtigen Süße von Ananas kombiniert. Ganz herrliches Bacardi-Feeling.

Passionsfrucht-Ananas-MOJITO

Ergibt ca. 1 Liter / 6 Portionen

8 Passionsfrüchte   1 EL Rohrohrzucker
600 ml Ananassaft   200 ml Rum   Saft von ½ Zitrone
6 kleine Minzstängel   Eiswürfel

Einen 1-Liter-Krug bereitstellen.
Sechs der Passionsfrüchte auskratzen und das Fruchtfleisch
durch ein Sieb passieren. Den Passionsfruchtsaft mit dem Zucker vermischen
und in den Krug geben. Das Fruchtfleisch der zwei übrigen Passionsfrüchte
mit den Kernen hinzufügen. Wer die Kerne nicht mag, passiert einfach alle acht Früchte.
Den Ananassaft, den Rum und den Zitronensaft hinzugeben und gut umrühren.

Die Minzstängel und Eiswürfel auf sechs Gläser verteilen
und mit dem Mojito auffüllen.

Tipp: Falls Kinder mittrinken, kann dieser Cocktail auch in der Virgin-Variante (ohne Alkohol)
zubereitet werden. Statt Rum dann einfach Tonic Water verwenden.

Die Sonne geht unter. Die Füße stecken in feinstem Sand. In den Händen eine Kokosnuss,
gefüllt mit erfrischend scharfer Melonensuppe. Mehr Südsee geht nicht... Wer nicht zufällig in Jamaica
wohnt, kann zur Not auch den — von Kinderspielzeug befreiten — Sandkasten im Garten
zu Hilfe nehmen. Mit ein paar Accessoires lässt sich dort ganz einfach Karibikfeeling zaubern:
Bambusmatte, Palme, bunte Decken, Laternen, Girlanden und Kerzen.

Kaltes MELONENSÜPPCHEN

Ergibt ca. 1 Liter / 4 Portionen

700 g Wassermelone, gekühlt   100 g Joghurt   170 ml Kokosmilch   1 cm Ingwer

rote Chili nach Geschmack   2 Msp. Korianderpulver   2 Msp. Pimentpulver

Saft von 1 Limette   1½ TL Salz

FÜR DIE DEKO

1 Galiamelone   Minzeblätter   Kugelausstecher mit ca. 1 cm Ø

Holzspieße   2 Kokosnüsse zum Servieren nach Belieben

Das Fruchtfleisch aus der Wassermelone lösen und in grobe Stücke schneiden, dabei die Melonenkerne entfernen. Den Ingwer schälen. Das Melonenfruchtfleisch in einen Standmixer geben, die restlichen Zutaten hinzufügen und fein pürieren. Mit den Gewürzen abschmecken. Die Galiamelone halbieren und mit dem Kugelausstecher Kugeln ausstechen. Die Kugeln abwechselnd mit Minzeblättern auf Holzspieße stecken und mit der Suppe servieren.

Wie diese kalte Melonensuppe zum Highlight wird? Indem man sie in einer halben Kokosnuss serviert!

Dafür bei jeder Kokosnuss in eines der drei Keimlöcher (eines davon ist weicher als die anderen) mit Hilfe eines Schraubenziehers und eines Hammers ein Loch klopfen. Das Kokoswasser abgießen oder mit einem Strohhalm direkt trinken. Dann die Kokosnuss längs halbieren. Dazu kräftig an der Längsseite auf eine Bordsteinkante schlagen, alternativ mit einem Hammer eine Sollbruchstelle auf der Längsseite schlagen. Bei Bedarf mit einem dicken Messer oder einem Schraubenzieher vorsichtig nachhelfen, damit sie auch wirklich längs bricht.

Scharfe kreolische
HACKBÄLLCHEN-BAGUETTES

Ergibt 6 Portionen

FÜR DIE HACKBÄLLCHEN

400 g Hackfleisch, halb und halb   15 g Pankomehl

1 Ei   2 kleine rote Chilischoten   1 rote Zwiebel   1 EL Olivenöl

1 Knoblauchzehe   3 Thymianzweige   ½ TL Pimentpulver

½ TL Koriandersamen, gemörsert   1 Prise Muskatnuss

½ TL Salz   abgeriebene Schale von 1 Bio-Limette

etwas Öl zum Anbraten

FÜR DIE SAUCE

1 rote Zwiebel   1 EL Olivenöl

1 Knoblauchzehe   1 TL Koriandersamen, gemörsert

4 Pimentkörner, gemörsert   80 ml frisch gepresster Orangensaft

2 Dosen (à 400 g) stückige Tomaten

5 Thymianzweige   1 TL Salz   1 EL Honig   2 Prisen Muskatnuss

1 EL Granatapfelsirup   3 TL Instantkaffeepulver

Saft von 1 Limette

6 Baguettebrötchen

Das Hackfleisch zusammen mit dem Pankomehl und dem Ei in eine Schüssel geben.
Die Chilischoten halbieren, die Kerne entfernen, die Chilis grob hacken und zum Hackfleisch geben.
Die Zwiebel schälen, hacken und im Olivenöl goldgelb anbraten.
Den Knoblauch in die Pfanne pressen und kurz mitschwenken.
Zwiebeln und Knoblauch zum Hackfleisch geben.

Den Thymian waschen, trocken schütteln, die Blätter abstreifen
und zum Hackfleisch geben. Die Hackfleischmischung mit den restlichen Gewürzen,
dem Salz und der Limettenschale würzen und alles gut miteinander vermischen.
Aus der Masse etwa 25 Bällchen formen und in einer Pfanne
mit etwas Fett rundherum kross anbraten.

Für die Sauce die Zwiebel schälen, hacken und im Olivenöl andünsten.
Den Knoblauch mit in die Pfanne pressen, gemörserte Koriandersamen und Pimentkörner
hinzugeben und alles kurz mitdünsten. Mit dem Orangensaft ablöschen.
Die Tomaten hinzugeben und mit einer Gabel zerdrücken.
Die Thymianzweige ebenfalls hinzugeben
und die Sauce mit Salz, Honig und Muskatnuss würzen.

Etwa 20 Minuten ohne Deckel leicht köcheln lassen und
dabei immer wieder umrühren. Den Granatapfelsirup, das Kaffeepulver
und den Limettensaft unterrühren und weitere 10 Minuten köcheln lassen.
Sollte die Sauce zu dick werden, zwischendurch etwas Wasser hinzufügen.

Zum Schluss die fertigen Hackbällchen dazugeben
und gut mit der Sauce vermischen. Die Baguettebrötchen halbieren
und mit Hackbällchen und Sauce füllen.

Der absolute Kick für gegrillte Maiskolben ist diese Chilibutter.
Die Gewürze Thymian, Piment und Chili harmonieren perfekt mit dem Röstaroma.
Die Butter passt übrigens auch hervorragend zu Brot und Fleisch.

Gegrillte MAISKOLBEN
mit Chilibutter

Ergibt 6 Portionen

6 Maiskolben
3 Limetten und grobes Meersalz zum Servieren

FÜR DIE CHILIBUTTER

2 getrocknete Chilischoten   3 Thymianzweige   200 g Butter (Raumtemperatur)

1 TL brauner Zucker   1 Knoblauchzehe   ½ TL Pimentpulver

1 TL Zitronensaft   ½ TL Salz   frisch gemahlener schwarzer Pfeffer

Die Chilischoten fein hacken. Die Thymianzweige waschen, trocken schütteln,
die Blättchen abzupfen und hacken. Die Butter mit Chili, Thymian
und allen übrigen Zutaten gut vermischen und mit Salz abschmecken.
Bis zur Verwendung in den Kühlschrank stellen.

Den Grill anheizen. Die Maiskolben in Salzwasser 20 Minuten kochen,
bis die Maiskörner eine gelbe Farbe angenommen haben. Abgießen und abtropfen lassen.
Für ein feines Barbecue-Aroma die Maiskolben noch einige Minuten
rundherum auf dem Grill rösten, bis sie etwas bräunen.

Die Limetten in Achtel schneiden und die Maiskolben mit Chilibutter,
Limettenspalten und grobem Meersalz servieren.

DIY: Maiskolben mit Blättern bringen ihren Stiel schon mit:
Die Blätter umknicken und mit einer Kordel zusammenbinden. Das sieht nicht nur hübsch aus,
die Kolben können so zum Essen auch gut festgehalten werden.

Grillen ist immer eine feine Sache. Grillen am Strand noch feiner.
Ich habe ein Gefühl von Freiheit und Abenteuerlust, während mir der Geruch vom Holzkohlengrill um die
Nase weht. Die scharfe Aprikosensauce macht den fruchtigen Schweinefleischspießen ordentlich Dampf —
eben ein bisschen Reggae für die Geschmacksnerven.

Schweinefleisch -
JERK-SPIEßE
mit scharfer Aprikosensauce

Ergibt 8 Portionen

FÜR DIE JERK-SAUCE

5 Frühlingszwiebeln   2 Knoblauchzehen   ¼ rote Chilischote

6 EL Olivenöl   1 TL Koriandersamen, gemörsert   2 Thymianzweige   Saft von 1 Limette

½ TL Pimentpulver   1 Msp. Muskat   2 EL Rohrohrzucker

½ TL Srirachasauce (scharfe Chilisauce)

FÜR DIE SCHWEINEFLEISCHSPIEßE

500 g Schweinefleisch   2 rote Zwiebeln   2 Aprikosen

FÜR DIE SCHARFE APRIKOSENSAUCE

250 g reife Aprikosen   1 Knoblauchzehe   1 TL Worcestersauce

Saft von ½ Limette   30 ml Orangensaft   1 EL Rohrohrzucker   1 TL scharfer Senf

1–2 EL Srirachasauce (scharfe Chilisauce, nach Geschmack)

Chipotle-Salz

8 Holzspieße

Tortilla- oder dünne Maisbrotfladen zum Servieren

Das Weiße der Frühlingszwiebeln sehr fein hacken,
den Knoblauch und die Chilischote ebenfalls sehr fein hacken. Frühlingszwiebeln, Knoblauch
und Chili mit dem Olivenöl vermischen. Die Koriandersamen mörsern.
Die Thymianzweige waschen, trocken schütteln, die Blättchen abzupfen und fein hacken.
Koriandersamen, Thymianblätter und die restlichen Zutaten zur Zwiebel-Knoblauch-Öl-Mischung
geben und umrühren.

Das Schweinefleisch in ca. 3 cm große Würfel schneiden.
Die Würfel in der Jerk-Sauce wenden und eine Stunde oder am besten über Nacht marinieren lassen.

Den Grill anheizen und die Holzspieße 30 Minuten in lauwarmem Wasser einweichen.
In der Zwischenzeit die roten Zwiebeln schälen und längs achteln, die Aprikosen waschen und quer
achteln. Das marinierte Schweinefleisch, die Zwiebelspalten und Aprikosenstücke
abwechselnd auf die Holzspieße stecken.

Die Aprikosen waschen, entkernen und in grobe Stücke schneiden.
Die Knoblauchzehe schälen. Aprikosen und Knoblauch zusammen mit den übrigen Zutaten in einen
Standmixer geben und fein pürieren. Mit Salz und Srirachasauce abschmecken.

Die Spieße von beiden Seiten grillen und anschließend mit der scharfen Aprikosensauce
und dünnem Fladenbrot oder Maisbrot servieren.

Lachsküchlein
MIT KIWIPESTO

Ergibt 12 Küchlein

FÜR DIE LACHSKÜCHLEIN

500 g Lachsfilet ohne Haut   2 kleine rote Zwiebeln   120 g Salzcracker   ½ TL Pimentpulver

1 TL Korianderpulver   ½ TL Meersalz   frisch gemahlener schwarzer Pfeffer

2 Knoblauchzehen   1 Ei   3 EL Mayonnaise   Saft von ½ Zitrone

Saft von ½ Limette   Sonnenblumenöl zum Braten

FÜR DAS KIWIPESTO

1 Bund Basilikum   2 Frühlingszwiebeln   3 essreife Kiwis   40 g gemahlene Mandeln

5 EL Olivenöl   2 EL Puderzucker   2 EL Zitronensaft

Das Lachsfilet fein würfeln. Die Zwiebeln schälen und ebenfalls würfeln.

Die Salzcracker zerbrechen und in einem Blitzhacker fein mahlen. Dann die übrigen trockenen Gewürze hinzufügen und mitmahlen.

Die Knoblauchzehen schälen, zerdrücken, zusammen mit den Zwiebeln zum Crackermehl geben und fein hacken. Die Lachswürfel unterrühren und kurz mithacken. Nicht zu lange, der Lachs soll noch etwas stückig sein. Die Masse in eine Schüssel umfüllen. Das Ei verquirlen und mit der Mayonnaise, dem Zitronen- und dem Limettensaft zur Lachsmasse geben. Alles gründlich miteinander verrühren und die Masse zu etwa zwölf Küchlein formen.

In einer Pfanne das Sonnenblumenöl erhitzen und die Küchlein darin portionsweise braten.

Das Basilikum waschen, trocken schütteln und grob hacken. Das Weiße und Hellgrüne der Frühlingszwiebeln fein würfeln. Die Kiwis schälen und grob würfeln. Zuerst das Basilikum im Blitzhacker zu einer Masse pürieren, dann nacheinander die Frühlingszwiebeln, die Mandeln und das Olivenöl hinzufügen und ebenfalls pürieren. Dann die Kiwistücke hinzufügen und ganz kurz mithacken. Auf keinen Fall zu lange, denn wenn die Kerne mit zerhackt werden, wird das Pesto bitter. Das Pesto in eine Schüssel füllen und mit Puderzucker und Zitronensaft abschmecken. Die Küchlein mit dem Kiwipesto servieren.

THUNFISCHBURGER
mit Krautsalat
und Cajunremoulade

Ergibt 6 Burger

FÜR DIE BURGERBRÖTCHEN

200 g Weizenmehl   100 g Dinkelmehl   100 g Maismehl zzgl. etwas zum Bemehlen

1 TL Rohrohrzucker   1 TL Salz

1 Pck. Trockenhefe   100 ml Milch zzgl. 1 EL zum Bestreichen

1 Ei (M)   1 TL Olivenöl

1 Eigelb   1 EL Milch   1 EL schwarzer Sesam

FÜR DEN KRAUTSALAT

300 g Weißkohl   3 EL Essig   1 TL Salz   4 EL Olivenöl

30 ml frisch gepresster Orangensaft   1½ EL Ananasmarmelade

3 Prisen Muskatnuss   3 Prisen Pimentpulver

FÜR DIE CAJUNREMOULADE

2 hart gekochte Eigelbe   100 g Mayonnaise

1 halbe kleine Zwiebel   1 Knoblauchzehe   1 EL Essig

1 TL Srirachasauce (scharfe Chilisauce)

1 TL Worcestersauce   1 TL Dijonsenf   1 EL Zitronensaft

2 Prisen Korianderpulver   2 Prisen Pimentpulver

½ TL Salz   frisch gemahlener schwarzer Pfeffer

FÜR DIE THUNFISCHSTEAKS

450 g Thunfischsteaks   2 EL Pflanzenöl

BURGERBRÖTCHEN

Die drei Mehlsorten mit dem Zucker, dem Salz und der Hefe in eine Schüssel geben.
Die Milch mit 100 ml warmem Wasser vermischen, das Ei darin aufschlagen und kurz verrühren.
Die Mischung sollte lauwarm sein.
Die Hefemilch zur Mehlmischung geben und mit den Knethaken eines Handrührgeräts
zu einem geschmeidigen Teig verkneten. Zu einer Kugel formen, mit Olivenöl einreiben und in
einer abgedeckten Schüssel eine halbe Stunde gehen lassen.

Den Backofen auf 200 °C vorheizen. Den Teig aus der Schüssel nehmen, mit Maismehl bemehlen
und einige Minuten mit den Händen kneten. Zu sechs gleichmäßigen Kugeln formen
und auf ein mit Backpapier belegtes Blech legen. 1 EL Milch mit dem Eigelb verquirlen und
die Kugeln damit bestreichen. Die Brötchen mit dem schwarzen Sesam bestreuen, 15 Minuten backen
und anschließend auskühlen lassen.

KRAUTSALAT

Den Weißkohl putzen und fein hobeln oder mit einem Messer sehr dünn aufschneiden.
In einer Schüssel den Essig mit dem Salz verrühren. Das Olivenöl, den Orangensaft und die
Ananasmarmelade hinzugeben und alles gut miteinander vermischen.
Das Kraut unterheben und am besten 1 Stunde oder länger ziehen lassen.

CAJUNREMOULADE

Die Eigelbe mit einer Gabel sehr fein zerdrücken und mit der Mayonnaise verrühren.
Die halbe Zwiebel schälen und sehr fein würfeln, die Knoblauchzehe zerdrücken. Zwiebeln und
Knoblauch mit den übrigen Zutaten zum Eigelb geben und alles gut vermischen.

THUNFISCHSTEAKS

Die Thunfischsteaks halbieren und im Pflanzenöl von beiden Seiten
scharf anbraten, bis sie innen nicht mehr roh sind.

Die Burgerbrötchen halbieren und beide Hälften mit der Cajunremoulade bestreichen.
Jeweils eine Scheibe Thunfisch auf die untere Hälfte legen, mit Krautsalat bedecken und den
oberen Deckel zum Servieren mit einem Spieß befestigen.

HÄHNCHENSCHENKEL
in Kokospanade
mit Ananassalsa

Ergibt 8 Portionen

FÜR DIE ANANASSALSA

200 g Ananasfruchtfleisch

100 g Mangofruchtfleisch

1 Knoblauchzehe

1 cm Ingwer

1 EL Essig

gelbe Chili nach Geschmack

Salz

FÜR DIE HÄHNCHENSCHENKEL

900 g Hähnchenschenkel (8 Stück)

3 TL Salz

50 g Mehl

50 ml Kokosmilch

2 kleine Eier

35 g Pankomehl

35 g Kokosraspel

250 ml hocherhitzbares Fett

zum Frittieren,

z. B. Sonnenblumenöl

ANANASSALSA

Das Ananas- und das Mangofruchtfleisch fein würfeln.

Die Knoblauchzehe schälen und zerdrücken, den Ingwer schälen und fein hacken.

Den Essig mit Knoblauch und Ingwer unter die Mango- und Ananaswürfel mischen.

Etwas Chili fein hacken und ebenfalls dazugeben.

HÄHNCHENSCHENKEL

Die Hähnchenschenkel waschen, trocken tupfen und salzen.

Zum Panieren drei tiefe Teller bereitstellen. In den ersten das Mehl geben.

In einem zweiten die Kokosmilch mit den Eiern verquirlen.

Im dritten das Pankomehl mit den Kokosraspeln vermischen.

Die Hähnchenschenkel nacheinander zuerst im Mehl,

dann in der Kokosmilch-Ei-Mischung und zum Schluss in der Panko-Kokos-Mischung wenden.

Das Frittierfett in einer tiefen Pfanne erhitzen, bis es etwas blubbert,

dann die panierten Hähnchenschenkel darin etwa 10 Minuten frittieren.

Die knusprigen Schenkel mit der Ananassalsa servieren.

Süsser

KOKOSFLAMMKUCHEN

mit Ananasblüten

Ergibt 8 Flammkuchen

FÜR DEN FLAMMKUCHENTEIG

300 g Mehl

1 Prise Salz

4 EL Öl

125 ml Mineralwasser

FÜR DIE ANANASBLÜTEN

150 g (ca. ⅓) frische Ananas am Stück

FÜR DEN FLAMMKUCHENBELAG

125 ml Milch zzgl. 2 EL Milch für das Puddingpulver

125 ml Kokosmilch

2 EL Kokossirup zzgl. Kokossirup zum Beträufeln

20 g (½ Tütchen) Vanillepuddingpulver

1 TL Rohrohrzucker

100 g Ananasmarmelade

4 EL Kokosraspel

In einer Schüssel das Mehl mit dem Salz vermischen,
dann das Öl hinzugeben und zusammen mit dem Mineralwasser zu einem kompakten Teig
verarbeiten. Zu einer Kugel formen, in Klarsichtfolie hüllen und bis zur
Weiterverarbeitung im Kühlschrank aufbewahren.

Den Backofen auf 120 °C vorheizen und ein Backblech mit Backpapier belegen.
Die Ananas schälen, in sehr dünne Scheiben schneiden und auf das Blech legen.
Die Scheiben 20 Minuten von der einen Seite backen, dann wenden und nochmals 20 Minuten von
der anderen Seite backen, bis sie knusprig und an den Rändern dunkel werden. Ananas aus dem
Ofen nehmen, die Scheiben einzeln in die Mulden eines Muffinblechs legen, sodass sie in
Blütenform gedrückt werden, und auskühlen lassen.

Für den Belag einen Kokospudding herstellen. Dazu die Milch mit der Kokosmilch
und dem Kokossirup verrühren. Das Vanillepuddingpulver mit dem Rohrohrzucker und 2 EL Milch
verquirlen und unter die Milch-Kokosmilch-Mischung rühren. In einem Topf einmal aufkochen
lassen, dabei immer gut umrühren. Vom Herd nehmen und abkühlen lassen.

Den Backofen 270 °C (mindestens 250 °C) vorheizen und ein Backblech mit Backpapier belegen.
Den Flammkuchenteig in acht Portionen teilen und auf der Arbeitsfläche einzeln mit etwas Mehl
zu dünnen Fladen rollen. Den Teig dünn mit Kokospudding und Ananasmarmelade bestreichen
und mit Kokosraspeln bestreuen. Die Flammkuchen ca. 8–10 Minuten backen,
bis sich Blasen bilden und die Fladen schön knusprig aussehen.

Die Flammkuchen mit den Ananasblüten dekorieren und
nach Belieben mit Kokossirup beträufeln.

Jessis
Midsommar

TÖRTCHENZEIT

ZIMT +++
KÖTTBULLAR ++++
BLUMENKRÄNZE +++++

98%
KOFFEIN-
ALLERGISCH

3%
UN-
ORGANISIERT

Jessi Hesseler
mein Midsommar

Hej Hej! Hättest du mir vor einem Jahr gesagt, dass man bald unser zweites DAYlicious
in den Händen halten kann, hätte ich dir ein Vögelchen gezeigt. Jetzt schlägt mein Herzchen große
Purzelbäume und ich bin ganz schön happy, dass „die Mädels" auf diese Art eine Reunion feiern.
Wie wir das machen? Mit einem Picknick natürlich!

Wer nichts über mich und meinen Backblog „Törtchenzeit" weiß, hier die Blitzbeschreibung:
Törtchenliebhaberin, High-Carb-Queen, reisesüchtiges Duftfrollein, Mangoschorlenliebhaberin und
Foodie – von ganzem Herzen. Ach ja: aber Rosenkohl, den mag ich immer noch nicht.

So und jetzt hereinspaziert – zu meinem midsommarlichen und irgendwie süßen Picknick.
Warum es diesmal keine klassischen Törtchen gibt? Weil ich Schweden liebe, genauso wie Zimt, Lachs
und natürlich Blumenkränze und ich dir zeigen möchte, dass die klassischen, süßen Cupcakes und
Törtchen auch in der herzhaften Variante verdammt gut schmecken.

Smaklig måltid! (das war Schwedisch und heißt: Guten Appetit!)

Kennst du diese Werbung, egal ob im Fernsehen oder in Magazinen,
wo Mädels in hübschen Sommerkleidchen übers Feld hüpfen und dabei unheimlich prachtvolle
und sowas von schöne Blumenkränze tragen? Das wollte ich auch – immer schon.
Wenn mein midsommarliches Picknick dafür nicht die beste Gelegenheit ist!

DIY-Blumenkranz

Ergibt 1 Kränzchen

Material und Werkzeug → *grüner, nicht zu dünner Wickeldraht, ca. 5 Meter*
Blumenband (im Bastelladen)   Schere   Drahtzange

Blumen → *Deine Lieblingsblumen, z. B. Hortensien, Margeriten,*
Disteln, Rosen, Schleierkraut und üppiges Füllmaterial wie Efeu
Die Menge richtet sich danach, wie dick du deinen Kranz binden möchtest.
Für den hier Gezeigten brauchst du von jeder Sorte ca. 5—7 Blumen

Den Wickeldraht dem Kopfumfang entsprechend zu einem Kreis formen und
so vier bis fünf Runden wickeln. Den Drahtkranz mit dem Blumenband mehrfach umkleben,
um die einzelnen Kreise miteinander zu verbinden und etwaige
Spitzen des Drahts verschwinden zu lassen.

Nun beginnt das Binden: Das Draht-Band-Grundgerüst zuerst mit rankenden Pflanzen wie Efeu
oder Schleierkraut umwickeln, auch hier hilft wieder Draht zur Befestigung.

Auf die grüne Grundfläche dann die einzelnen Blumen wickeln. Die Blüten nicht von den Stielen
abschneiden, sondern die Stiele einfach mit um den Kranz winden, das macht ihn fülliger.
Lücken mit einzelnen Blüten schließen und Blumen ggf. mit Draht fixieren. Wer den Kranz am
Vortag vorbereiten muss oder möchte, legt ihn über Nacht am besten in den Kühlschrank.

TIPP: Alle Blüten mit den Köpfen nach vorne binden, so sieht es später am schönsten aus.
Für die Light-Variante eines Blumenkranzes kannst du
ausschließlich Schleierkraut verwenden, das es sogar in rosa gibt — so schön!

Ok, ok, Limoncello ist zwar typisch italienisch und nicht schwedisch,
aber man kann ja mal ein Auge zudrücken. Für die perfekte Erwachsenenbegrüßung während der
Picknicksause sollte dieser Einstieg nicht fehlen. Bedenke: Das perfekte Likörchen muss 21 Tage im
Dunklen schlummern, bevor es bereit zum Anstoßen ist.

Limoncello

Ergibt 2,5 l

Für den Limoncello ➤ 2 kg reife Bio-Zitronen
1 l reiner Alkohol (aus der Apotheke)   1 kg Zucker   2 l Wasser

Glasgefäß mit Schraub- oder Spangenverschluss (ca. 2,5 l Fassungsvermögen)

Die Zitronen mit sehr heißem Wasser abwaschen und mit dem Sparschäler schälen.
Den Alkohol sowie alle Zitronenschalen in das Glasgefäß geben. Das Gefäß bei Raumtemperatur
für 21 Tage an einen dunklen Ort stellen. In diesen 21 Tagen weicht die Schale ein
und der Alkohol nimmt den Geschmack und die Farbe der Zitronen an.

Nach Ablauf der Zeit das Wasser und den Zucker in einen Topf geben
und für 5 Minuten aufkochen, bis ein dickflüssiger Sirup entsteht. Den Sirup zum Alkohol
mit den Zitronenschalen geben und warten, bis die Flüssigkeit abgekühlt ist.
Danach den Likör filtern und in Flaschen füllen.

Auf der nächsten Seite findest du das Rezept
für den hier gezeigten Himbeer-Limoncello-Aperitif

Himbeer-Limoncello-Aperitif

Ergibt 6 Drinks

125 g Himbeeren

einige frische Minzeblätter

6 cl Limoncello (siehe S. 95)

0,75 l Prosecco, gekühlt

Die Himbeeren waschen und trocken tupfen,
die Minze waschen und trocken schütteln.

In einem Glas 1 cl Limoncello mit 150 ml Prosecco aufgießen.
Jeweils mit vier bis fünf Himbeeren und etwas Minze verzieren
und direkt genießen.
Ein Prosit!

TIPP: Zum Kühlen die Eiswürfel schon vor der Abfahrt in die Gläser füllen,
sodass diese gut gekühlt am Picknick ankommen.

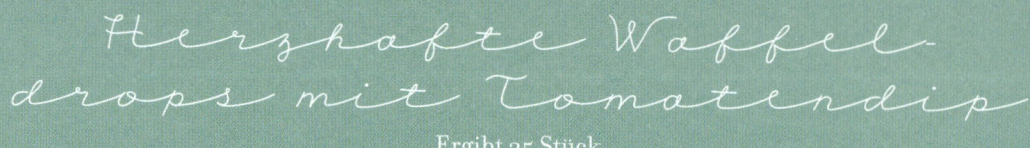

Herzhafte Waffel drops mit Tomatendip

Ergibt 25 Stück

Für den Waffelteig → 150 g Butter   ¼ TL Salz   ½ TL grob gemahlener schwarzer Pfeffer
1 Ei   5 EL Milch   200 g Mehl   1 TL Backpulver
etwas Butter zum Fetten des Waffeleisens — sofern notwendig

Für den Tomatendip → 1 kleine Schalotte   1 Knoblauchzehe   1 EL Olivenöl   5 Tomaten
Chiliflocken nach Belieben   2 EL Mascarpone   etwas frische Kresse
Salz und frisch gemahlener schwarzer Pfeffer

Werkzeug → Pfanne   Pürierstab   Waffeleisen für belgische oder Lütticher Waffeln
Melonenausstecher oder zwei kleine Löffel

Die Butter mit dem Salz und dem Pfeffer mit dem elektrischen Handrührgerät
schaumig schlagen. Das Ei und die Milch hinzugeben und erneut schlagen,
bis eine homogene Masse entsteht. Das Mehl und das Backpulver in einer zweiten Schüssel
vermischen und löffelweise in die Masse rühren, bis sich alles vermengt hat.
Den Teig beiseitestellen und 15 Minuten ruhen lassen.

Nach 10 Minuten das Waffeleisen vorheizen und leicht einfetten. Mit zwei Teelöffeln oder
einem Melonenausstecher haselnussgroße Kugeln aus dem Teig formen.
Die Teigkugeln jeweils auf die Kreuzstellen zwischen den Waffelquadraten des Eisens legen.
Etwa veir bis sechs Kugeln gleichzeitig backen, sodass sie sich nicht berühren. Jede Ladung
Waffeldrops je nach Waffeleisen ca. 3–5 Minuten backen, bis sie leicht goldbraun sind.

Für den Dip die Schalotte und den Knoblauch schälen und sehr fein hacken.
Das Olivenöl in einer Pfanne erhitzen, Schalotte und Knoblauch darin kurz andüsten, dann
beiseitestellen. Die Tomaten mit den Chiliflocken, Salz und Pfeffer in ein hohes Gefäß oder den
Mixbehälter geben. Schalotten und Knoblauch hinzufügen und alles kurz pürieren.
Zum Schluss Mascarpone und Kresse vorsichtig unterheben.

Waffeldrops, my ♥. Die Kleinen haben mich vom ersten Moment an verzückt! Pack sie mit etwas Brotpapier in einen kleinen Karton oder in ein feines Einmachglas, so machen sie sich sogar zum Verschenken toll! Zum Verzehr schubst du sie noch in den tollen Tomatendip – spätestens jetzt schmilzt auch dein Herzchen.

Liebling, es gibt Schnittchen! Gehörst du auch zur Pro-Stullen-Fraktion?
Du liebst Schnittchenteller? Dann husch, husch, hier entlang, zum easy-peasy
ich-back-mein-Brot-selber-Rezept mit Ricotta-Aufstrich, feinen Apfelscheiben,
getoppt mit Zimt und Zucker!

Selbst gemachtes Sauerteigbrot mit Ricotta-Apfel-Aufstrich

Ergibt einen Laib — der hält einige Tage oder kann eingefroren werden

Für das Brot ➤ 400 g Roggenmehl, Type 1150   250 g Weizenmehl Type 1050 + 1 EL zum Bestäuben
75 g flüssiger Sauerteig (aus dem Reformhaus)
½ Hefewürfel   1 EL Salz   1 EL Zucker   150 g Ricotta

Für den Aufstrich ➤ 1 Apfel   3 TL Zucker-Zimt-Mischung   etwas Zitronensaft

Werkzeug ➤ Küchenhandtuch   Backpapier

TIPP: Backe das Brot am besten zwei Tage vor dem geplanten Verzehr, da es über Nacht ruhen
muss. Am Tag nach dem Backen lässt es sich dann fein schneiden.

Vom Roggenmehl 250 g abwiegen und mit dem Weizenmehl und dem flüssigen Sauerteig
in eine große Schüssel geben. Mit 350 ml lauwarmem Wasser übergießen und
mit den Knethaken des elektrischen Handrührgeräts verrühren.
Die entstehende Masse sollte dickflüssig-breiig sein.

Den Teig mit einem Küchenhandtuch bedecken und über Nacht ruhen lassen.
Am nächsten Tag die Hefe in einer kleinen Schüssel mit 3–4 EL lauwarmem Wasser verrühren,
bis sie sich aufgelöst hat. Das Hefewasser unter den Sauerteig rühren und
nochmals für 30 Minuten ruhen lassen.

Ein Backblech mit Backpapier belegen. Die restlichen 150 g Roggenmehl mit Salz und Zucker
zum Teig geben und alles gut mit den Händen vermengen. Nochmals abdecken
und für ca. 3 Stunden gehen lassen. Den Teig dann aus der Schüssel nehmen,
einen Brotlaib formen und diesen mit Mehl bestäuben. Auf das Backblech legen und
zugedeckt nochmals eine Stunde ruhen lassen.

Den Backofen auf 230 °C Umluft vorheizen, das Brot in den Ofen geben und die
Temperatur sofort auf 160 °C Umluft reduzieren. Das Brot für ca. 80 Minuten backen und
anschließend im Ofen für weitere 10 Minuten abkühlen lassen.

Am Picknicktag den Ricotta mit der Zucker-Zimt-Mischung verrühren.
Große Scheiben vom Brot abschneiden und den Ricotta daraufstreichen. Den Apfel waschen und
in feine Scheiben schneiden, ggf. das Kerngehäuse herausschneiden. Die Apfelscheiben auf dem
Ricotta verteilen und mit Zitronensaft beträufeln, damit sie nicht braun werden.
Die Brotscheibe in der Mitte halbieren und zusammenklappen.

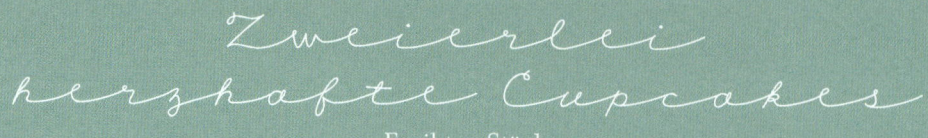

Zweierlei herzhafte Cupcakes

Ergibt 12 Stück

Für die Cupcakes → *3 Frühlingszwiebeln   240 g Weizenmehl   2 TL Backpulver*
165 g geriebener Käse (Gouda oder, für kräftigeres Aroma, Emmentaler)   1 Bio-Ei
180 ml Buttermilch   75 ml Sonnenblumenöl   50 g Speckwürfel
Salz und frisch gemahlener schwarzer Pfeffer

Für das Frosting → *150 g Mascarpone   75 g Frischkäse   6 Cherrytomaten*
6 kleine Stangen grüner Spargel (alternativ schmecken auch kleine Salzstangen fein)
Salz und frisch gemahlener schwarzer Pfeffer

Werkzeug → *12 Muffinförmchen aus Papier   Spritzbeutel*
Spritztülle (hier wurde eine offene Sterntülle verwendet)

Den Backofen auf 170 °C Umluft vorheizen und die Mulden des Muffinblechs
mit den Papierförmchen auslegen. Die Frühlingszwiebeln waschen,
trocken schütteln und in feine Ringe schneiden. Das Mehl, das Backpulver und den Käse
in eine Schüssel geben und vermengen. In einer zweiten Schüssel das Ei, die Buttermilch und
das Öl sowie Salz und Pfeffer mit einem Schneebesen zu einer glatten Flüssigkeit verrühren.

Die flüssige Masse mit dem Handrührgerät in zwei Teilen unter die Mehl-Käse-Mischung
rühren. Für 2 Minuten weiterrühren, bis ein glatter Teig entstanden ist. Die Teigmenge
halbieren, unter die eine Hälfte die Speckwürfel, unter die andere die Frühlingszwiebeln heben.
Den Teig gleichmäßig auf die Förmchen verteilen, sodass sie zu dreiviertel gefüllt sind, und die
Cupcakes im Ofen für ca. 15 Minuten backen. Anschließend vollständig auskühlen lassen.

Den Mascarpone und den Frischkäse in einer Schüssel zügig miteinander verrühren, mit Salz und
Pfeffer abschmecken und in einen Spritzbeutel mit Tülle füllen. Die ausgekühlten Cupcakes mit
der Creme verzieren. Dazu die Creme am besten von außen nach innen kreisförmig
auftragen. Die Speckcupcakes mit Spargel, die Frühlingszwiebelvariante mit Tomaten dekorieren.

TIPP: Transportsicher an ihr Ziel gelangen die Cupcakes in einem Eierkarton!

Ich kann auch herzhaft! YAY! Als mich eines Tages der Heißhunger überkam, dachte ich: Hey, herzhafte Cupcakes, da geht doch was. Nach zwei, drei kleinen Tüfteleien tische ich dir nun diese Schwachmacher auf und zwar direkt in zwei Sorten: Einmal mit Speck und Spargel, einmal mit Frühlingszwiebeln und Tomaten. *Aber Obacht: Machen vielleicht auch dich süchtig!*

Und jetzt auch noch herzhafte Törtchen? Jawoll!
Midsommar wird im geliebten Schweden mit verdammt
köstlichen Törtchen gefeiert. Wer keinen Lachs mag,
kann ihn natürlich einfach weglassen.

Schweden-Cheesecakes

Ergibt 4 Stück

6 Scheiben Vollkornbrot   50 g Butter   200 g Räucherlachs   175 ml Sahne

350 g Frischkäse (Doppelrahmstufe)   100 g milder Ziegenfrischkäse

1 Handvoll gehackter Schnittlauch   1 Bio-Zitrone   50 g Lachskaviar   etwas Kresse

Salz und frisch gemahlener schwarzer Pfeffer

Werkzeug ➝ 4 Dessertringe (je ca. 9 cm Ø)

Das Vollkornbrot mit den Fingern sehr fein zerbröseln, zusammen mit der Butter in einen Topf geben und bei mittlerer Hitze solange mit einem Löffel verrühren, bis die Butter geschmolzen ist. Ein Backblech oder eine Servierplatte mit Backpapier auslegen und die Dessertringe daraufstellen. Die Brot-Butter-Masse gleichmäßig auf die Dessertringe verteilen und den Boden festdrücken. Für mindestens 20 Minuten in den Kühlschrank stellen.

In der Zwischenzeit den Räucherlachs fein würfeln. Die Sahne in einem hohen, fettfreien Behälter sehr steif schlagen, aber nicht überschlagen. Dann die beiden Sorten Frischkäse und den Räucherlachs vorsichtig unterheben, den Schnittlauch ebenfalls unterheben. Die halbe Zitrone auspressen und den Saft unterrühren. Die Masse mit Salz und Pfeffer sehr kräftig würzen und abschmecken.

Die Creme nun auf den Böden in den Dessertringen verteilen. Die Oberfläche glatt streichen und für mindestens 5 Stunden im Kühlschrank verstauen. Kurz vor dem Servieren die Küchlein aus den Formen lösen, mit jeweils einem Teelöffel Lachskaviar und etwas Kresse dekorieren. Wer mag, kann noch ein wenig Zitronenschale darüberhobeln.

TIPP: Die kleinen Törtchen lassen sich am besten am Vortag des Picknicks vorbereiten, denn sie müssen ein paar Stunden in den Kühlschrank. Ist es mal etwas wärmer draußen, einfach einen Gefrierbeutel mit Eiswürfeln füllen, gut verschließen und in der Box mit den Törtchen transportieren. So bleiben sie ein Weilchen kühl.

Hach! Die kleinen Spieße mit Ziegenfrischkäsedip lassen sich nicht nur schön verpacken, sondern sind auch ein wirklicher Hingucker und Leckerbissen. Crêpes am Spieß? Dann auch noch herzhaft? Komm schon, man muss auch mal was wagen!

Crêpespieße mit Dip

Ergibt 4–6 Spieße

Für die Crêpespieße ➤ 30 g Butter   300 g Mehl   700 ml Milch (3,8%)   6 Eier
8 EL Mineralwasser mit Kohlensäure   3 große Karotten   2 Zucchini   2 EL gekörnte Gemüsebrühe
6 EL Olivenöl   etwas Bratfett zum Backen in der Pfanne   1 EL Knoblauchöl
Salz und frisch gemahlener schwarzer Pfeffer

Für den Dip ➤ 200 g Schmand   100 g Ziegenfrischkäse   Saft von 1 Limette
Schnittlauch, fein gehackt   Salz und frisch gemahlener schwarzer Pfeffer nach Geschmack

Werkzeug ➤ Pfanne mit ca. 24 cm Ø (antihaftbeschichtet), alternativ ein Crêpes-Maker
Holzspieße   evtl. Tortenscheibe oder großen Teller zum Wenden

Die Butter in einen Topf geben und bei mittlerer Temperatur schmelzen,
dabei nicht kochen lassen. Den Topf vom Herd nehmen. Das Mehl in eine Schüssel geben
und die Milch nach und nach unter Rühren mit dem elektrischen
Handrührgerät oder der Küchenmaschine einschlagen.

Die Eier, 1 Prise Salz, Pfeffer, die flüssige Butter und das Mineralwasser hinzufügen
und für eine Minute leicht schaumig schlagen. Den Teig mit
Frischhaltefolie abdecken und für 30 Minuten quellen lassen.

Die Karotten schälen und mit dem Sparschäler der Länge nach in feine Streifen schneiden.
Die Zucchini waschen und ebenfalls Streifen abschälen. In einem
großen Topf ca. 2 l Wasser mit der gekörnten Brühe zum Kochen bringen.
Karotten und Zucchini hineingeben und für 1–2 Minuten garen, bis das Gemüse
biegsam ist. Vom Herd nehmen, gut abtropfen lassen, auf ein
Küchenpapier legen und beiseitestellen.

Etwas Bratfett in die Pfanne geben und erhitzen, dann den Boden
sehr dünn mit Crêpeteig ausgießen und den Crêpe von jeder Seite bei mittlerer Hitze hellbraun
backen. Wenden kann man die Crêpes mit einer Tortenscheibe,
Mutige wenden in der Luft.

Aus dem kompletten Teig Crêpes backen, dabei immer wieder etwas Fett in die Pfanne geben.
Alle Crêpes zu Streifen von der gleichen Breite der Gemüsestreifen schneiden.
Je zwei Crêpestreifen, dann einen Möhren- und einen Zucchinistreifen aufeinanderlegen
und wellenförmig auf die Spieße schieben. Den Vorgang wiederholen, bis alles verbraucht ist.

Den Backofen auf Grillstufe vorheizen und ein Backblech mit Backpapier auslegen.
Die Spieße daraufleggen und dünn mit dem Knoblauchöl bestreichen. Für ca. 3 Minuten im
vorgeheizten Ofen auf der Grillstufe oder Oberhitze backen.

Für den Dip alle Zutaten mit einem Schneebesen glatt verrühren und
nach Geschmack mit Salz und Pfeffer würzen. Den Dip mit den Crêpespießen servieren,
die man damit bestreichen oder vorsichtig dippen kann.

French Toast alias arme Ritter – meine Güte.

dieser Duft löst in meinem Köpfchen die schönsten Kindheitserinnerungen aus.

Lang, lang her noch als Klassiker serviert, tische ich ihn dir heute als

Salat mit köstlichen Früchtchen und Kokoschips auf.

French-Toast-Salat mit Mango, Himbeeren und Kokoschips

Ergibt 4–5 Portionen

400 g helles Toastbrot   3 Eier (Größe M)   750 ml Sahne   40 g Mehl   50 g Zucker

Mark von 1 Vanilleschote   1 Prise Salz   etwas Bratfett für die Pfanne   250 g Himbeeren

1 reife Mango   4 EL Kokoschips   1 TL Zimt   2 TL Zucker   Ahornsirup nach Geschmack

Die Toastbrotscheiben in je neun Würfel schneiden und in jeden Würfel einmal mit einer Gabel
stechen, so können sie die Flüssigkeit besser aufsaugen.
Die Eier mit Sahne, Mehl, Zucker, dem Vanillemark und dem Salz in eine Schüssel geben und
mit einem Schneebesen kräftig verschlagen, bis keine Klümpchen mehr zu sehen sind.
Die Toastwürfel in die Flüssigkeit geben und für 1–2 Minuten einweichen.

In einer Pfanne etwas Fett erhitzen und die Toastwürfel darin backen.
Dabei mehrmals wenden, bis sie von allen Seiten appetitlich hellbraun sind. Anschließend in
eine Salatschüssel oder die Picknick-Transportbox geben.

Die Himbeeren waschen und trocken tupfen. Die Mango schälen, das funktioniert gut
mit einem Sparschäler. Dann schmale Streifen der Frucht mit dem Sparschäler abschälen und
zusammen mit den Himbeeren zu den Toastwürfeln geben. Die Kokoschips ebenfalls hinzugeben
und mit Zimt und Zucker bestreuen. Kurz vor dem Verzehr den Ahornsirup darüberträufeln –
nicht vorher, sonst wird der Salat zu matschig.

TIPP: Verpacke den Salat in kleine Einmach- oder Marmeladengläser und klebe mit einem hübschen Masking Tape eine Holzgabel an jedes Glas — fertig ist der portionierte Leckerbissen.

milch
reis
my
♡

Milchreis an die Macht! Wenn es nach meinem Geschmack ginge, könnte man mir jeden Tag Milchreis auftischen. In allen Variationen. Ich bin ein Milchreismonster. Irgendwie gibt diese Köstlichkeit mir ein wunderbares Gefühl von Wohlsein und Happiness. Deshalb darf die Latte-Macchiato-Version mit feinsten Aprikosen beim perfekten Picknick auch nicht fehlen. Basta!

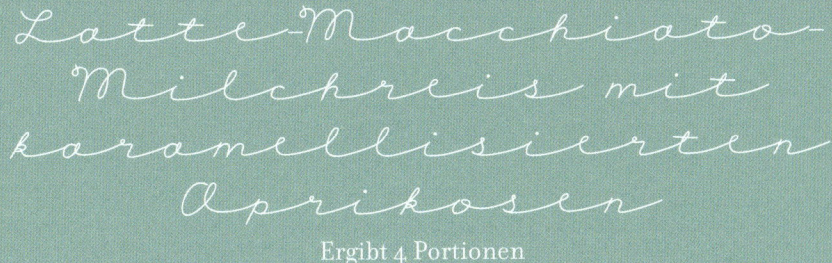

Latte-Macchiato-Milchreis mit karamellisierten Aprikosen

Ergibt 4 Portionen

Für den Milchreis → 250 ml Milch   60 g Milchreis   1 Prise Salz
3 EL Zucker   1 ½ TL Zimt   1 EL Instant-Espressopulver

Für die Aprikosen → 8 Aprikosen   50 g Zucker   1 Vanilleschote   2 EL Aprikosenlikör

Werkzeug → 4 Gläser mit Deckel oder Schraubverschluss

Die Milch in einem Topf aufkochen. Den Reis und das Salz einrühren und bei schwacher Hitze und unter gelegentlichem Rühren ca. 30 Minuten quellen lassen. Währenddessen den Zucker mit dem Zimt vermischen und unter den Milchreis rühren. Das Espressopulver ebenfalls unterrühren. Den fertigen Milchreis auf die Gläser verteilen.

Die Aprikosen waschen, entsteinen und achteln. Den Zucker in die Pfanne geben und bei mittlerer Temperatur erhitzen, sodass er karamellisiert. Die Aprikosen hinzugeben und ca. 2 Minuten braten, mit dem Aprikosenlikör ablöschen und auf dem Milchreis in den Gläsern verteilen. Die Gläser mit dem Deckel verschließen und ab in den Picknickkorb.

Was glaubst du?
In meinem kleinen Schwedenkapitel darf der Klassiker Nummer 1
doch nicht fehlen, oder? Damit es besonders hübsch zugeht, gibt's hier die Anleitung
für die wunderbar herzige Version!

Herzige Zimtschnecken

Ergibt ca. 15 Stück

500 g + 2 EL Mehl zum Bemehlen

7 g Trockenhefe

50 g + 85 g Zucker

1 Prise Salz

200 ml Milch

1 Ei

5 EL Pflanzenöl

120 g sehr weiche Butter

1 TL Zimt

TIPP: Wer mag bestreicht die feinen Herzchen mit Schokoladenaufstrich statt Zimtbutter.

Das Mehl mit der Hefe, 50 g Zucker und dem Salz in eine große, fettfreie Schüssel geben und mit einem Löffel vermischen. Die Milch in einem Topf auf mittlerer Stufe leicht erwärmen, dann langsam zur Mehlmischung gießen.

Das Ei und das Öl zufügen und mit den Knethaken des elektrischen Handrührgeräts so lange auf mittlerer Stufe vermischen, bis ein glatter Teig entsteht. Ein Küchentuch in warmem Wasser tränken und komplett auswringen, über die Schüssel mit dem Teig legen und ca. 1 Stunde gehen lassen, bis sich der Teig verdoppelt hat.

Den Backofen auf 160 °C Umluft vorheizen. Für die Füllung die restlichen 85 g Zucker mit dem Zimt mischen und beiseitestellen.

Nach der Gehzeit den Teig erneut mit leicht bemehlten Händen gut durchkneten und mit einer Teigrolle quadratisch auf eine Fläche von ca. 40 x 40 cm ausrollen. Der Teig sollte nicht dicker als 1 cm sein. Das Teigquadrat gleichmäßig und bis in die Ecken mit der Butter bestreichen und die Zucker-Zimt-Mischung deckend über die Butter streuen.

Das Teigquadrat von rechts und links gleichmäßig zur Mitte hin aufrollen. Die Rolle in ca. 15 gleich dicke Stücke schneiden. Die einzelnen Doppelschnecken mit der Schnittfläche nach oben auf die Arbeitsfläche legen, sodass die untere, geschlossene Seite des Teigs zu euch zeigt. An dieser Seite den Teig jeweils zwischen zwei Fingern zusammendrücken, sodass eine Herzform entsteht. Alle Herzchen mit etwas Abstand auf das mit Backpapier belegte Blech legen und für ca. 20 Minuten backen.

Zischt, prickelt und schmeckt auch „kleinen Erwachsenen" über fünf Jahren: Brause.
Ich kenne keinen, der sie nicht liebt! Was ich mag: Fülle das Pulver in kleine Brotpapiertütchen
und beschrifte diese mit den Namen deiner Picknickgäste.
Die werden Augen machen und aus dem Grinsen nicht mehr rauskommen, wenn sie ihr
Lieblingsgetränk anmischen! So einfach, so lecker!

Leckerschmecker-Brause

Für 3 verschiedene Farbbrausen / 3 Gläser à 250 ml

Zutaten je Farbe → 3 Msp. Natron   1 TL Zitronensäure   1 EL feinster Zucker
1 EL Instant-Götterspeise in deiner Wunschfarbe (gibt's in Rot, Grün und Gelb)   *Wasser zum Auffüllen*

Werkzeug → *Drei kleine Gefäße zum Anmischen*
(wer nur eine Farbe zaubern möchte, benötigt natürlich auch nur ein Gefäß)

Das Natronpulver und die Zitronensäure in ein Gefäß geben und den Zucker sowie
das Götterspeisepulver hinzufügen. Alle Zutaten sehr gründlich vermengen.

Luftdicht verpackt hält sich das Brausepulver auch bis zum nächsten und
übernächsten Picknick, versprochen.

Wer mag, kann das Pulver auch direkt in schöne Fläschchen
oder Gläser mit Schraubverschluss geben und kurz vor dem Verzehr
mit Wasser (mit oder ohne Kohlensäure) auffüllen.

HERAUS SPAZIERT

GEBRANNTE MANDELN +++
POPCORN ++
ZUCKERWATTE -

95%
TATENDRANG

5%
LANGSCHLÄFER

LIZ

ZIRKUSDIREKTOR +
SEILTÄNZERIN +++
CLOWN ++

85%
GERÄUSCH-
EMPFINDLICH

13%
RISIKOFREUDIG

JEWELS

WILLKOMMEN IM ZIRKUSWALD

Wir freuen uns, euch zu unserer frischen Luftnummer begrüßen zu dürfen. Zwischen Bäumen und Blumen schlagen wir unsere Zirkuswelt auf und laden euch zu einem bunten Picknickspektakel in den Wald ein.

Was euch erwartet? Auf dem grünen Teppich präsentieren sich appetitliche Artisten, raffinierte Zusammenspiele und Jongleure des guten Geschmacks! Also, Vorhang auf! Kleine Kostprobe gefällig? Unser Pastasalat tritt als Schwarz-Weiß-Maler auf und als Hülsenkünstler präsentieren sich die Kichererbsen-Hot-Dogs mit Salsa-Dip. Manege frei für kleine, leckere Kunststücke sowie ein anregendes Programm für euer nächstes Picknick!

LIZ: „Meine Tochter würde am liebsten mit jedem Zirkus auf Reisen gehen. Auch mich entführt das bunte Treiben jedes Mal in eine andere Welt voller Magie und Anziehungskraft. Allein die starken grafischen Elemente und das Feuerwerk an Farben finde ich großartig – ein echtes visuelles Highlight, mal ganz abgesehen von den tollen Akteuren. Ich bin ein großer Fan von Akrobaten und Artisten. Die Welt des Zirkus' ist wirklich faszinierend."

JEWELS: „Als Kind habe ich den Zirkus geliebt und war überglücklich, wenn ich ihn mit meiner Mama besuchte. Meine absoluten Favoriten waren die Clowns. Auch die Tiere haben mich immer besonders berührt. Heute sehe ich das ein bisschen anders und die Tiere lieber in der freien Natur. Deshalb würde ich mit meiner Tochter vielmehr in Vorstellungen mit Akrobatik, Clownerie oder Zauberei gehen. Toll finde ich übrigens auch den Mitmach-Zirkus für Kinder. Noch ist Clementine für beides zu klein und der Alltag für sie bereits Zirkus genug, aber die Zeit wird kommen…"

WASSERMELONEN-
COCKTAIL

ERGIBT GUT 1 LITER

¼ kleine Wassermelone, zzgl. etwas zur Deko

20 Minzeblätter, zzgl. etwas zur Deko

60 ml Ahornsirup

180 ml Gin

Saft von 2 Zitronen

½ l Sprudelwasser

Crushed Ice

Das Fruchtfleisch der Wassermelone zusammen mit den Minzeblättern
in einem Standmixer pürieren. Den Ahornsirup, den Gin und
den Zitronensaft hinzufügen und gut verrühren.

Beim Picknick die Wassermelonenmischung in Gläser geben, mit dem
Sprudelwasser und dem Crushed Ice auffüllen und nach Belieben mit
Wassermelonenstücken und Minzeblättern garnieren.

SCHARFE HONIG-MAIS-

BISKUITS

Ergibt ca. 12 Stück

200 g Mehl......200 g Maismehl......1 TL Salz......1 TL Natron
4 TL Backpulver......170 g weiche Butter......200 ml Buttermilch......1 Ei
3 TL Honig......1 Jalapeño-Schote......140 g Dosenmais
250 g mittelalter Gouda

Den Backofen auf 180°C Ober-/Unterhitze vorheizen und
ein Backblech mit Backpapier belegen. Das Mehl mit dem Maismehl,
Salz, Natron und Backpulver vermischen.

Die Butter, die Buttermilch, das Ei und den Honig miteinander
verquirlen, zu den trockenen Zutaten geben und alles gründlich
miteinander verrühren. Den Gouda fein würfeln, Jalapeño
entkernen und sehr fein würfeln. Gouda und Jalapeño
sowie den Mais in den Teig rühren.

Mit einem Esslöffel große Teigkleckse auf das Backblech setzen.
Im Ofen 10—15 Minuten backen, bis sie goldgelb sind.

ERBSEN-FETA-RUCOLA-
SALAT

Ergibt 4—6 Portionen

400 gefrorene Erbsen......250 g gefrorene dicke grüne Bohnen......2 kleine rote Zwiebeln
3 Frühlingszwiebeln......100 g Feta......1 Handvoll Rucola
1 Knoblauchzehe......4 Thymianzweige

In einem großen Topf gesalzenes Wasser zum Kochen bringen.
Die gefrorenen Erbsen und Bohnen kurz darin kochen, bis sie bissfest sind.
Abtropfen lassen und beiseitestellen.

Die Zwiebeln schälen und in feine Ringe schneiden, die Frühlingszwiebeln waschen,
putzen und ebenfalls in feine Ringe schneiden. Den Feta würfeln, den Rucola waschen und putzen.
Den Knoblauch schälen und pressen. Die Thymianzweige waschen, trocken schütteln und die Blätter
zwischen zwei Fingern gegen die Wuchsrichtung abstreifen.

Alle Zutaten miteinander vermengen und
unter freiem Himmel genießen.

EINGEROLLTE
HOT DOGS
MIT TOMATEN-MANGO-SALSA

Ergibt 12 Stück

Für die Brötchen: 500 g Mehl......2 TL Trockenhefe......1 TL Salz
1 TL Zucker......1 EL Olivenöl

Für die vegetarischen eingerollten Hot Dogs:
200 g Kichererbsen, getrocknet......2 Knoblauchzehen......1 große weiße Zwiebel
1 TL gemahlener Koriander......1 TL gemahlener Kümmel......1 Petersilienstängel
Kokosöl zum Braten......grobes Meersalz zum Bestreuen
Salz und frisch gemahlener schwarzer Pfeffer

Für die Tomaten-Mango-Salsa:
2 Tomaten......¼ Mango......½ kleine Jalapeño-Schote
1 TL Salz

Beim Dip zu den eingerollten Hunden
darf natürlich ordentlich variiert werden!
Am besten schmeckt eine Mischung aus
fruchtig, scharf und süß!

Die Kichererbsen über Nacht in reichlich Wasser einweichen.

Das Mehl, die Trockenhefe, Salz und Zucker miteinander vermischen.
Das Olivenöl mit 350 ml lauwarmen Wasser zugeben und den Teig für einige Minuten
kräftig kneten. Sollte der Teig zu krümelig sein, esslöffelweise Wasser hinzufügen. Ist er zu klebrig,
noch etwas Mehl unterkneten. Den Teig zudecken und für eine Stunde gehen lassen.

Den Backofen auf 200 °C vorheizen und ein Backblech mit Backpapier belegen.
Die Knoblauchzehen schälen, die Zwiebel ebenfalls schälen und mit den Kichererbsen,
dem Knoblauch und den Gewürzen in der Küchenmaschine zu einer groben Masse zerhacken.
Nicht zu fein hacken, die Füllung sollte eine eher grobe Konsistenz haben. Ist sie sehr trocken,
noch etwas Olivenöl hinzufügen. Die Petersilie waschen, trocken schütteln, fein hacken
und unter die Kichererbsenmasse mischen.

Das Kokosöl in der Pfanne schmelzen. Aus der Kichererbsenmasse
zwölf kleine „Würste" formen und diese in der Pfanne von allen Seiten anbraten.
Auf einem Küchentuch abkühlen lassen.

Den inzwischen aufgegangenen Teig auf eine trockene Arbeitsplatte setzen
und zwölf Stränge à 15 cm rollen. Diese vorsichtig um die Kichererbsenwürste wickeln.
Die eingerollten Hot Dogs auf das Backblech setzen und für 15–20 Minuten backen.
Danach mit grobem Meersalz bestreuen.

Für die Tomaten-Mango-Salsa die Tomaten waschen, würfeln und in einem
Topf für 5 Minuten köcheln lassen. Die Mango vom Kern befreien und das Fruchtfleisch würfeln.
Die halbe Jalapeño-Schote entkernen und sehr fein würfeln.
Alle Zutaten in einen Standmixer geben, salzen und kurz pürieren.

DIY:
Um in die richtige
Zirkusstimmung zu kommen,
haben wir eine große Zinkwanne mit Folie beklebt.
Dafür aus selbstklebender Folie
Dreiecke und Sterne ausschneiden und
die Wanne damit bekleben.

Diese Rezept macht optisch viel her,
ist aber nur für Fischliebhaber!

Die dunklen Streifen kommen nämlich
von der Tinte des Tintenfisches und schmecken
dementsprechend nach
hoher See und Meeresrauschen.

STREIFENPASTA-
SALAT

Ergibt 4 Portionen

Für den Pastateig: 250 g Mehl......½ TL Salz......2 Eier
wenige Tropfen Sepiatinte......Olivenöl zum Beträufeln

Für den Salat: 100 g Pinienkerne......ein paar Spritzer Olivenöl......2 Handvoll Cocktailtomaten
1 Handvoll Basilikumblätter......Salz und frisch gemahlener schwarzer Pfeffer

Für den Pastateig das Mehl mit dem Salz vermischen.
Die Eier unterkneten und so lange kneten, bis ein glatter Teig entsteht.
Sollte der Teig zu bröselig sein, etwas Wasser hinzufügen.

Den Nudelteig in zwei Portionen teilen.
Auf eine Portion die Sepiatinte geben und gründlich verkneten,
bis er komplett schwarz ist. Die andere, weiße Portion Teig mit einer Pastamaschine
nach Herstellerangaben zu sehr flachen Teigböden ausrollen (dünner als 1 mm), aber nicht weiter
zuschneiden, und beiseitelegen. Den schwarzen Teig ebenfalls hauchdünn ausrollen und dann mit der
Pastamaschine in breite Streifen (Tagliatelle) schneiden.

Die weißen Teigbögen auf der Arbeitsfläche auslegen.
Die schwarzen Pastastreifen in regelmäßigen Abständen auf die Böden legen,
sodass ein Streifenmuster entsteht. Den Teig noch einmal durch die Pastamaschine (dünner als 1 mm)
pressen, bis eine ebenmäßige Fläche entsteht. Die Teigplatte mit einem Messer nun per Hand quer zum
Streifenmuster erneut in feine Streifen schneiden, sodass man gestreifte Tagliatelle erhält.

In einem großen Topf Wasser zum Kochen bringen und die Pasta
in sprudelnd kochendem Wasser für 2–3 Minuten al dente kochen.
Mit einem Schöpflöffel aus dem Wasser heben,
mit Olivenöl beträufeln und abkühlen lassen.

Die Pinienkerne in Olivenöl goldbraun rösten.
Die Cocktailtomaten waschen und würfeln, die Basilikumblätter grob zerzupfen.
Pinienkerne und Cocktailtomaten mit der Pasta vermengen,
mit Salz und Pfeffer abschmecken und in
kleinen Einweggläsern zum Picknick transportieren.

Für diese Jahrmarktslieblinge darf das Popcorn ruhig gekauft werden.
Alternativ lässt es sich mit Popcornmais im Topf oder der Mikrowelle selbst herstellen. Die Glasur kann man
übrigens auch noch super mit flüssiger Lebensmittelfarbe einfärben, wenn man möchte!

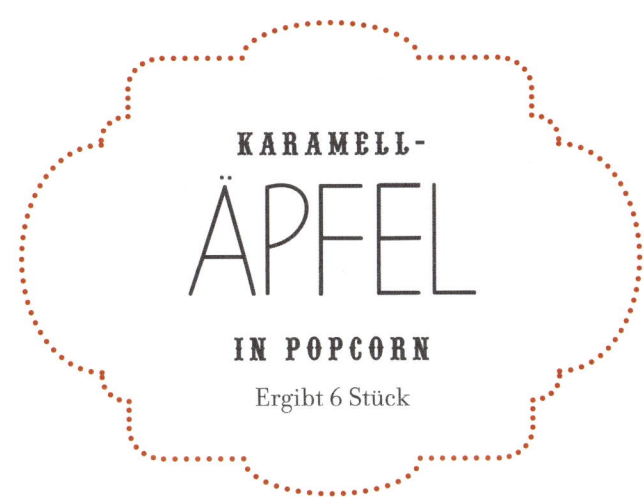

KARAMELL-
ÄPFEL
IN POPCORN

Ergibt 6 Stück

6 Äpfel......50 g Popcorn......400 g Zucker......4 EL Ahornsirup......1 TL Vanilleextrakt
1 Spritzer Zitronensaft......¼ TL Salz

6 stabile Holzstiele

Die Äpfel heiß waschen,
die Stiele entfernen und die Äpfel auf die Holzstiele spießen.
Ein Backblech mit Backpapier belegen und neben dem Herd bereitstellen.
Das Popcorn in eine Schüssel geben und
mit den Händen grob zerkleinern.

Den Zucker mit 100 ml Wasser, dem Ahornsirup, Vanilleextrakt,
Zitronensaft und Salz in einen Topf geben, unter ständigem Rühren aufkochen
und etwa 12 Minuten köcheln lassen. Wenn sich der Sirup goldgelb färbt,
die Äpfel in den Sirup tauchen und anschließend sofort im Popcorn wälzen,
dann auf das Backblech legen, abkühlen
und dabei aushärten lassen.

Diese hübschen Teilchen bewahrt man am besten in der Keksdose auf!
Bei zu viel Frischluft könnten sie etwas klebrig werden. Sie sind aber trotzdem sooo lecker!

BEEREN-
MERINGUE

Ergibt ca. 20 Stück

4 TL Johannisbeermarmelade......4 Eiweiß
1 Spritzer Zitronensaft......50 g Puderzucker
Johannisbeeren zum Servieren

Die Johannisbeermarmelade in einem kleinen Topf kurz erwärmen, bis sie flüssig ist. Anschließend durch ein Sieb streichen, damit keine Kerne mehr in der Marmelade bleiben, und kurz abkühlen lassen.

Den Backofen auf 90 °C vorheizen, zwei Backbleche mit Backpapier belegen. Das Eiweiß mit dem Zitronensaft in einen hohen Becher geben und mit dem Schneebesen des Handrührgeräts steif schlagen. Für 3–5 Minuten weiterschlagen, dabei den Puderzucker Löffel für Löffel einsieben, bis eine glänzende, steife Masse entsteht. Das Eiweiß in eine größere, fettfreie Schüssel umfüllen, kleine Marmeladenkleckse dazugeben und vorsichtig unterheben, sodass ein marmoriertes Muster entsteht.

Mit einem Löffel die Eiweißmasse auf die Bleche setzen und im vorgeheizten Ofen 2½ –3 Stunden backen, bis sie trocken und knusprig sind und sich beim Klopfen auf die Unterseite hohl anhören. Auf der Picknickdecke mit frischen Johannisbeeren servieren.

Diese fotogenen kleinen Snacks sind einfach zuzubereiten, aber schinden richtig Eindruck.
Besonders, wenn Kinder beim Picknick dabei sind, passen sie perfekt!
Bei einem Kindergeburtstagspicknick kann man die Farbe der Streusel auch super
an die Lieblingsfarbe des Kindes anpassen.

MARSH-
MALLOWS
MIT SCHOKOGLASUR
ERGIBT CA. 25 STÜCK

250 g Puderzucker zzgl. 2 EL zum Bestäuben der Form

1 EL Speisestärke......2 Pck. Vanillezucker......2 Pck. Gelatinepulver

200 g Zartbitterkuvertüre......1 Handvoll bunte Zuckerstreusel......Butter zum Fetten der Form

Holzspieße oder stabile Strohhalme

Zum Vorbereiten der Form 2 EL Puderzucker mit der Speisestärke vermischen. Eine Auflaufform mit etwas Butter einfetten und mit der Hälfte der Puderzuckermischung bestäuben.

In einer großen Rührschüssel 250 g Puderzucker mit dem Vanillezucker mischen. In einem Topf 150 ml Wasser mit der Gelatine unter stetigem Rühren kurz aufkochen lassen. Die Zuckermischung in die heiße Flüssigkeit geben und mit dem Handrührgerät so lange verrühren, bis die Masse weiß und zähflüssig wird. Die Masse in die Auflaufform gießen und für eine Stunde ruhen lassen.

Die abgekühlte, feste Marshmallowplatte auf einen großen Teller oder die Arbeitsfläche stürzen und mit der Puderzuckermischung bestäuben. Die Platte in mundgerechte Würfel schneiden und die Kanten mit der restlichen Puderzuckermischung bestäuben.

Die Schokolade im Wasserbad schmelzen, die Zuckerstreusel in einen tiefen Teller geben. Die Marshmallows auf Spieße oder Halme spießen und zur Hälfte in die Schokolade tauchen. Sofort danach in den Streuseln wälzen und die Spieße in ein Glas stellen, damit die Schokolade abkühlen und härten kann. Um die hübschen Spieße unbeschadet zum Picknick zu bringen, transportiert man sie am besten in einer großen Frischhaltedose.

Brezeln selber machen? Das ist gar nicht so schwer, wie es klingt!
Der Teig ist schnell gemacht und mit einer schwungvollen Bewegung aus dem Handgelenk sind sie ruckzuck
in Form gebracht. Ein Rezept für herzhafte Brezeln findest du auf S. 136.

MINI-SCHOKO-BREZELN

Ergibt ca. 30 Stück

125 g Mehl......1 Msp. Backpulver......½ TL Salz......1 Eigelb......2 EL weiche Butter
50 ml Milch, Raumtemperatur......1 EL grobes Meersalz
100 g weiße Schokolade

Den Backofen auf 190 °C Umluft vorheizen und ein Backblech mit Backpapier belegen.
Das Mehl mit dem Backpulver und dem Salz vermischen.
Das Eigelb, die Butter und die Milch unterkneten, bis ein glatter Teig entsteht.

Aus dem Teig dünne, etwa 12 cm lange Stränge rollen und diese zu kleinen Brezeln formen.
Und zwar so:

Die Brezeln auf das Backblech legen,
mit etwas lauwarmem Wasser bestreichen
und mit dem groben Salz bestreuen.
In den Ofen schieben und für ca. 15 Minuten backen,
bis sie goldbraun sind.
Herausholen und abkühlen lassen.

Die weiße Schokolade im Wasserbad schmelzen.
Die abgekühlten Brezeln in die Schokolade dippen
und auf einem Gitter fest werden lassen.

TIPP:

Die Brezeln kann man super
an Schnüren befestigen
und als Girlande zwischen Bäumen aufhängen
oder von Ästen hängen lassen.
Dann ist der Snack für zwischendurch
immer griffbereit!

LIMETTEN-BASILIKUM- LIMO

Ergibt ca. 25 Stück

6 Limetten

6 EL Honig

1 kleine Handvoll Basilikumblätter

1 l Sprudelwasser

Crushed Ice

Den Saft der Limetten auspressen
und in einem großen Einmachglas mit dem Honig verrühren.
So kann man den Limettenhonig wunderbar zum Picknick transportieren.

Die Basilikumblätter waschen, trocken tupfen
und in einer kleine Frischhaltedose zum Picknick mitnehmen.

Vor Ort den Limettenhonig auf vier Gläser verteilen
und mit dem Sprudelwasser aufgießen. Die Basilikumblätter hinzugeben
und nach Belieben mit Crushed Ice auffüllen.

KOMM MIT, ZUM...

EIN KLITZEKLEIN(ES)BLOG

KÄLTE +
KAFFEE +++++
SCHOKOLADE ++++

99%
UNSPORTLICH

50%
RISIKOFREUDIG

Daniela Klein

PICKNICK AM SEE

Packt die Badesachen ein, ich nehme euch mit zum See! Zu meinem See. Ganze Tage haben wir als Familie an und auf diesem hübschen Fleckchen Erde verbracht, während mein Vater seine Angel ins Wasser hielt. Ab und zu hat er sie natürlich auch mal zur Seite gelegt. Dann wurde Verstecken gespielt, die Nase in die Sonne gehalten oder gezeltet. Mit Mama im kühlen Nass geplantscht und mit meiner großen Schwester um die Wette gerudert. Rauschende Feste gefeiert sowie Pläne geschmiedet. Nie ohne den passenden Proviant, versteht sich. Ach, erwähnte ich eigentlich schon, dass ich als Kind den zweiten Platz wegen eines gefangenen Karpfens bei einem Wettbewerb belegt habe und das, obwohl ich gar nicht anwesend war, als er meinen Köder verschnabulierte?

Aber das ist eine andere Geschichte...

Rezepte, die mein Herzchen höher hüpfen lassen und meine Geschmacksnerven ordentlich entzückt haben, zeige ich eigentlich auf meinem klitzekleinen Blog. Doch zur Abwechslung breite ich auf den folgenden Seiten die Decke auf dem Steg am See aus und knipse die Sonne für uns an.

In meinem Kapitel kredenze ich Lieblingsleckereien für unterwegs, die für ein klitzekleines oder auch für ein ausgedehntes Picknick mehr als geeignet sind. Von süß bis herzhaft, vom Gaumenkitzel bis zum Hauptgang ist alles dabei. Zur Überraschung gibt es übrigens keinen Fisch, denn die Angel bleibt bei mir im Schrank. Und jetzt husch, husch, unser Bötchen wartet schon!

So einfach und unfassbar köstlich ist dieser sommerliche Zitronen-Limetten-Drink,
den man mit ein paar Umdrehungen auch zu einem Getränk für die späteren Abendstunden
umwandeln kann. Ich könnte ihn literweise von morgens bis abends schlürfen, thihi.

....

HAUSGEMACHTES GINGERALE
MIT ERDBEERPÜREE

ERGIBT CA. 1 L GINGERALE

FÜR DAS ERDBEERPÜREE
250 g frische Erdbeeren......100 g Zucker

FÜR DAS GINGERALE
1 kleine Ingwerknolle (ca. 30 g)......90 g Zucker
1 Limette......1 Zitrone......1 l Mineralwasser

❶ Die Erdbeeren waschen und entstielen. Erdbeeren mit dem Zucker in einer Schüssel vermengen und über Nacht abgedeckt ziehen lassen. ① Am nächsten Tag die Beeren in ein feines Sieb geben und mit einer Gabel durch das Sieb drücken. Das feine Püree auffangen.

❷ Den Ingwer schälen, reiben und etwa 10 g davon abwiegen. Den Ingwer mit dem Zucker und 125 ml stillem Wasser in einem kleinen Topf aufkochen.

Das Ingwerwasser bei geringer Hitze 20 Minuten köcheln lassen. Anschließend die Flüssigkeit durch ein sehr feines Sieb geben und den Sirup auffangen. Die Limette und die Zitrone auspressen und jeweils etwa 10 ml Saft davon abmessen. Den Ingwersirup mit Limetten- und Zitronensaft vermischen und mit dem Mineralwasser auffüllen.

Das Gingerale in eine sterilisierte Flasche füllen, kühlen und am selben Tag verzehren.

....

SERVIERVORSCHLAG FÜR EINEN COCKTAIL

250 ml hausgemachtes Gingerale, gekühlt......1 EL Erdbeerpüree......1 EL Wodka (optional)
2–3 Limettenscheiben......1–2 Erdbeeren zur Dekoration

Die flüssigen Zutaten in einem Glas verrühren und die Limettenscheiben hinzugeben.
Die Erdbeeren waschen, längs ein-, aber nicht durchschneiden und zur Dekoration auf den
Glasrand stecken. Cheers!

GINGER ALE

Mal ganz im Ernst, nie hätte ich gedacht, dass hausgemachte Kartoffelchips so gut schmecken.

Selbst der Mann im Haus — der Experte auf dem Gebiet des salzigen Knabbergebäcks ist — verlangte sofort

Nachschub. „Knusper, knusper" sag ich da! In diesem Fall mit einem cremigen Dip.

....

KARTOFFELCHIPS
MIT KRÄUTER-PARMESAN-
SAUERRAHM

ERGIBT 8 SNACK-PORTIONEN

FÜR DEN KRÄUTER-PARMESAN-SAUERRAHM

½ Bund glatte Petersilie......1 Knoblauchzehe......40 g Parmesan......400 g Sauerrahm......¼ Tasse Milch
½ TL Salz......½ TL frisch gemahlener schwarzer Pfeffer

FÜR DIE KARTOFFELCHIPS

1 kg große, festkochende Kartoffeln......4 EL Olivenöl......1 große Knoblauchzehe
Salz und frisch gemahlener schwarzer Pfeffer

❶ Die Petersilie für den Dip waschen, den Knoblauch schälen und beides sehr fein hacken. Den Parmesan fein reiben. Petersilie, Knoblauch und Parmesan mit den restlichen Zutaten verrühren und mit Salz und Pfeffer abschmecken. Bis zum Picknick kühl lagern, am gleichen Tag verzehren.

❷ Den Backofen auf 175 °C Ober-/Unterhitze vorheizen. Die Kartoffeln waschen und in sehr dünne Scheiben schneiden. Zwei Backbleche mit Backpapier auslegen und mit dem Olivenöl dünn einstreichen. Die Knoblauchzehe schälen, halbieren und mit der angeschnittenen Seite das Backpapier einreiben. Die Backbleche ohne Kartoffeln 5 Minuten im Ofen erwärmen.

Die Kartoffelscheiben nebeneinander auf den heißen Blechen verteilen. Großzügig mit Salz und Pfeffer würzen und 7–10 Minuten backen, dann für eine gleichmäßige Bräunung die Bleche drehen und die Chips wenden. Weitere 7–10 Minuten backen, bis die Chips goldbraun sind. Am gleichen Tag verputzen und mit dem Kräuter-Parmesan-Sauerrahm servieren.

☛ Zum Transport eignet sich hervorragend eine Keksdose, für das Picknick bastle ich einfache Snacktüten (S.147). Gerne serviere ich diese Knabberei zum Pulled-Pork-Burger (s. Seite 146).

Oh, wie gerne esse ich diese himmlisch weichen und doch knusprigen Brezeln.
Mit der Honig-Senf-Butter werden sie für mich
zum perfekten Picknicksnack.

....

BARBECUE-BREZELN
MIT HONIG-SENF-BUTTER

ERGIBT 6–8 BREZELN

BREZELN

25 g frische Hefe......1 TL Salz......1 EL Zucker......480 g Mehl
1 Ei......½ EL grobes Meersalz......1 EL Barbecue-Gewürzmischung (s.u.)

FÜR DIE BARBECUE-GEWÜRZMISCHUNG

1 EL edelsüßes Paprikapulver......1 TL Senfkörner, zerstoßen
1 TL Chilipulver......1 TL Zwiebelpulver......1 TL Knoblauchpulver......1 TL Salz
½ TL gemahlener Kreuzkümmel......½ TL Rohrzucker......½ TL gemahlener Zimt
½ TL frisch gemahlener schwarzer Pfeffer

FÜR DIE HONIG-SENF-BUTTER

250 g Butter, weich......1 EL Senf, süß......1 EL Honig
1 EL Sojasauce......Salz und frisch gemahlener schwarzer Pfeffer

❶ In eine kleine Schüssel 275 ml lauwarmes Wasser geben, die Hefe sowie Salz und Zucker hinzufügen und verrühren, bis sich alle Bestandteile vollständig aufgelöst haben.

Das Mehl in eine große Schüssel geben und die Hefemischung hinzufügen. Den Teig etwa 5 Minuten kneten, bis er geschmeidig ist und nicht mehr an den Händen klebt. Ist er zu klebrig, noch etwas Mehl hinzufügen. Den Hefeteig zu einer Kugel formen, bemehlen, mit einem Küchentuch abdecken und 30 Minuten an einem warmen Ort gehen lassen.

In der Zwischenzeit lassen sich wunderbar die Honig-Senf-Butter und die Gewürzmischung zubereiten (s. ❷ und ❸).

Den Backofen auf 220 °C Ober-/Unterhitze vorheizen. Ein Backblech mit Backpapier auslegen, ein weiteres Backpapier auf der Arbeitsfläche bereitlegen. Den Teig in 6–8 gleich große Portionen teilen und je zu einem etwa 20 cm langen Strang rollen. Die Stränge auf den beiden Backpapierbögen zu Brezeln formen (Anleitung s. Seite 121).

Das Ei in einer kleinen Schüssel verquirlen und die Brezeln damit bestreichen. Das Meersalz und die Gewürzmischung darüberstreuen.

Die Brezeln in zwei Ladungen je etwa 8–10 Minuten im vorgeheizten Backofen backen. Jeweils nach 5 Minuten die Grillfunktion am Ofen einschalten und im Idealfall vor der Ofentür verharren, bis die Brezeln die gewünschte Bräune haben. Aus dem Ofen nehmen, abkühlen lassen und mit der Honig-Senf-Butter servieren.

❷ Für die Gewürzmischung alle Zutaten in einer kleinen Schüssel vermengen. Zur Aufbewahrung in ein Schraubglas füllen und lichtgeschützt lagern.

☛ Eignet sich auch ideal als Grillgewürz!

❸ Für die Honig-Senf-Butter die Butter mit einer Gabel cremig rühren. Den süßen Senf, den Honig und die Sojasauce dazugeben, noch einmal gut vermengen und mit Salz und Pfeffer abschmecken.

✂ Verpackungsidee: Verschenken lassen sich die hübschen Brezeln auch ganz wunderbar, als Mitbringsel für den Gastgeber oder auch für die geladenen Picknickgäste. Ich wickele sie dazu in etwas Butterbrotpapier ein und binde ein Schleifchen drumherum. Mit der Butter in einem kleinen Gläschen, einer Serviette und einem kleinen Messer im Gepäck, kann der Beglückte dann sofort mit dem Schnabulieren loslegen. In einer Papiertüte mit frischen Blumen und einer Aufschrift, mit einem Prägegerät erstellt, sieht es noch ein wenig festlicher aus.

Heißa! Sagte mein Mann, als die erste Gabel dieses vorzüglichen Salates in seinem Mund verschwunden war. So etwas kannte er noch nicht, denn nicht nur das Minzpesto fordert hier alle Geschmacksnerven zum Tanze heraus. Bon appétit!

....

SOMMERSALAT
MIT GEGRILLTEN NEKTARINEN
UND MINZPESTO

ERGIBT 4 PORTIONEN

FÜR DAS MINZPESTO

1 kleiner Bund Minze......1 kleiner Bund Basilikum......100 g Pinienkerne
1 Knoblauchzehe......1 Limette ......80 ml fruchtiges Olivenöl
Salz und frisch gemahlener schwarzer Pfeffer

FÜR DAS DRESSING

1 Limette......6 EL Olivenöl......1–2 EL Honig
Salz und frisch gemahlener schwarzer Pfeffer

FÜR DEN SALAT

3 reife und noch knackige Nektarinen
1 EL Olivenöl......1 Prise Salz......1 Bund Rucola
125 g Büffelmozarella
8 Scheiben Serrano-Schinken

❶

Die Minze und das Basilikum waschen,
trocken tupfen und die Blätter von den Stängeln entfernen.
Die Pinienkerne in einer Pfanne ohne Fett goldbraun rösten und zum
Abkühlen beiseitestellen. Die Knoblauchzehe schälen und halbieren. Eine
Limette auspressen und den Saft auffangen
Minz- und Basilikumblätter, 80 g der Pinienkerne,
eine halbe Knoblauchzehe und den Limettensaft in einem
Mixer zerkleinern. Das Olivenöl nach und nach zufügen,
bis das Pesto die gewünschte Konsistenz hat.
Mit Salz und Pfeffer abschmecken.

❷

Für das Dressing die Limette auspressen und den Saft auffangen.
Den Limettensaft mit dem Olivenöl und dem Honig verquirlen
und mit Salz und Pfeffer abschmecken. Für den Salat den Grill anheizen
oder eine Grillpfanne verwenden. Die Nektarinen waschen, trocken tupfen,
entkernen und jeweils in sechs Spalten schneiden.
Das Olivenöl mit dem Salz in eine Schüssel geben und die Früchte
darin 5 Minuten marinieren. Den Grill oder die Grillpfanne fetten und
die Nektarinenscheiben etwa 2 Minuten von jeder Seite anbräunen, bis sie
Streifen bekommen. Die Früchte abkühlen lassen.

Den Rucola waschen, trocken tupfen und auf einem großen Teller oder
in einer Schüssel drapieren. Den Mozzarella und den Serrano-Schinken
in mundgerechte Stücke zerpflücken und darauf verteilen. Die restlichen
Pinienkerne darüberstreuen. Mit Dressing und Minzpesto servieren.

Wir essen das Minzpesto auch gerne mit Pasta und
es ist zudem ein hervorragender Brotaufstrich.

Wenn der Duft dieses herrlichen Fenchelglücks durch das Haus strömt, dann wird es schwierig, ihm bis zum eigentlichen Picknick zu widerstehen. Eine etwas gewagte, aber absolut köstliche Zutatenkombination, die perfekt für heiße Sommertage geeignet ist.

....

FENCHEL-BROMBEER-FLATBREAD
MIT ZIEGENFRISCHKÄSE

ERGIBT 4 FLATBREADS

FÜR DEN TEIG

420 g Weizenmehl......100 g Dinkelmehl oder fein gemahlener Hartweizengrieß......1 TL Salz 20 g frische Hefe......1 TL Zucker

FÜR DEN BELAG

500 g Fenchel......250 g Brombeeren 400 g Ziegenfrischkäse......50 g gehobelte Mandeln Olivenöl und Honig zum Beträufeln......Salz und frisch gemahlener schwarzer Pfeffer

❶ Die beiden Mehle und das Salz in einer Schüssel vermischen und eine Mulde in die Mitte drücken. Die Hefe mit dem Zucker in 325 ml lauwarmem Wasser auflösen. Die Mischung 5 Minuten ruhen lassen und in die Mulde gießen. Den Teig etwa 10 Minuten mit der Hand kneten und zu einer Kugel formen. Den Hefeteig bemehlen, mit einem Küchentuch abdecken und 15 Minuten an einem warmen Ort gehen lassen.

Den Teig in vier Portionen teilen und diese einzeln auf Backpapier zu Kreisen ausrollen. Mit einem Küchentuch abdecken und weitere 20 Minuten gehen lassen.

Den Backofen auf 250 °C Ober-/Unterhitze vorheizen. Den Fenchel waschen, den Strunk entfernen, das Fenchelgrün ebenfalls entfernen und beiseitelegen. Den Fenchel in dünne Scheiben schneiden. Brombeeren waschen und trocken tupfen.

❷ Die Teigkreise mit dem Ziegenfrischkäse bestreichen und mit Fenchelscheiben, ein wenig Fenchelgrün und Brombeeren belegen. Die gehobelten Mandeln darüberstreuen, den Belag mit Olivenöl beträufeln und mit Salz und Pfeffer würzen.

Im vorgeheizten Backofen etwa 10 Minuten backen. Das Flatbread aus dem Ofen holen und sofort mit etwas Honig beträufeln.

☛ Das Flatbread schmeckt sowohl kalt als auch warm ganz herrlich. Zum Transport in Alufolie einwickeln. Statt Fenchel, Brombeeren und Mandeln eignen sich auch frische Feigen und Walnüsse wunderbar als Belag. Die Walnüsse dabei vor dem Backen über den Ziegenfrischkäse streuen. Die Feigen in Spalten schneiden und erst nach dem Backen auf dem Ziegenkäse drapieren und mit Honig beträufeln.

143

ZIEGENKÄSEQUICHES MIT OFENGESCHMORTEN TOMATEN

ERGIBT 4 QUICHES À 10 CM Ø

FÜR DEN TEIG

160 g Weizenmehl......½ TL Backpulver......½ TL Salz......1 Prise Zucker

80 g kalte Butter......1 Ei

FÜR DIE FÜLLUNG

4 Frühlingszwiebeln......1 Knoblauchzehe......1 EL Olivenöl

50 g schnittfester Ziegenkäse......1 EL frischer Oregano......2 Eier

100 ml Sahne......Salz und frisch gemahlener schwarzer Pfeffer......12 Cherrytomaten

❶ Das Mehl mit Backpulver, Salz und Zucker in einer Schüssel vermischen. Die Butter in Würfel schneiden, zum Mehl geben und alles miteinander vermengen, bis eine krümelige Masse entsteht. Das Ei trennen, das Eiweiß beiseitestellen. Das Eigelb in den krümeligen Teig geben und zügig zu einer glatten Teigkugel verkneten. Den Teig flach drücken, in Frischhaltefolie einpacken und 60 Minuten in den Kühlschrank legen.

Den Backofen auf 200 °C Ober-/Unterhitze vorheizen. Die Quicheförmchen einfetten. Den Teig in vier Portionen teilen, einzeln dünn ausrollen und in die Formen drücken. Die befüllten Formen 20 Minuten in den Kühlschrank stellen. Die Quicheböden 15 Minuten blindbacken. Dazu jeweils eine Lage Backpapier auf den Teig legen und mit getrockneten Hülsenfrüchten (z. B. Erbsen) beschweren. Backpapier und Erbsen nach dem Backen entfernen. Die Böden abkühlen lassen und mit dem Eiweiß bestreichen.

❷ Die Frühlingszwiebeln waschen. Weiße und hellgrüne Teile in schmale Ringe schneiden. Den Knoblauch schälen und fein würfeln. Das Olivenöl in einer Pfanne erhitzen und Frühlingszwiebeln und Knoblauch darin 5 Minuten unter Rühren braten.

Den Ziegenkäse fein reiben. Den Oregano waschen und die Blätter von den Stielen zupfen. Die Eier mit Sahne, Ziegenkäse und Oregano verquirlen. Die Frühlingszwiebeln unterheben und mit Salz und Pfeffer abschmecken. Die Eiersahne auf den Quicheböden verteilen. Die Tomaten waschen und auf der Füllung verteilen. Die Quiches etwa 23–25 Minuten im vorgeheizten Backofen backen. Um die gewünschte Bräunung zu erreichen, schalte ich zum Ende hin kurz die Grillfunktion des Ofens ein.

Aber hallo, ohne diesen äußerst famosen Burger

schlage ich erst gar nicht meine Picknickdecke auf, thihi.

Zugegebenermaßen, der Weg dorthin ist nicht ganz ohne, aber wenn man

dann selig lächelnd, mit kugelrundem Bäuchlein und auf dem Rücken liegend

den Schäfchenwolken hinterherblickt, dann weiß man,

dass sich jede investierte Minute gelohnt hat. Los geht's!

....

PULLED-PORK-BURGER
MIT COLESLAW UND BBQ-SAUCE

ERGIBT 7–8 BURGER

FÜR DAS PULLED PORK

2,5 kg Schweineschulter oder Schweinenacken

(beides schön marmoriert und ohne Schwarte)

FÜR DEN RUB

◐

AM VORTAG ZUBEREITEN

3 EL brauner Zucker

7 EL edelsüßes Paprikapulver

4 EL frisch gemahlener schwarzer Pfeffer

3 EL Salz

2 EL Cayennepfeffer

½ EL Kreuzkümmel

100 ml Dijonsenf

Apfelsaft oder Cidre, Ahornsirup und Whisky zum Beträufeln (Moppen)

◐ Am Vortag alle trockenen Zutaten des Rubs miteinander vermengen. Das Schweinefleisch dick mit dem Senf einreiben und die Gewürzmischung großzügig darauf verteilen. Das Fleisch sollte vollkommen damit bedeckt sein. In Frischhaltefolie einwickeln und 24 Stunden im Kühlschrank ruhen lassen.

PULLED PORK

Den Backofen auf 110 °C Ober-/Unterhitze vorheizen und eine feuerfeste Schale mit Wasser auf den Ofenboden stellen. Das Fleisch auf einen Gitterrost legen und darunter ein Backblech zum Auffangen der Flüssigkeit schieben. Das Pulled Pork muss so lange gegart werden, bis eine Kerntemperatur von 92 °C erreicht ist. Das kann zwischen 12 und 20 Stunden dauern. Es kommt ganz darauf an, wie stark marmoriert das Fleisch ist und wie oft man es „moppt" (s.r.). Während des Garvorgangs gibt es zwei sogenannte Plateau-Phasen. Eine beginnt bei 65 °C und die zweite bei 80 °C. Während dieser Plateau-Phasen steigt die Temperatur über mehrere Stunden nicht mehr weiter an. Nicht nervös werden, das ist normal.

Ab einer Kerntemperatur von 75 °C kann man mit dem „moppen" beginnen. Dabei wird das Fleisch mit Flüssigkeit bestrichen und so aromatisiert. Ich verwende zum Moppen Apfelsaft mit etwas Ahornsirup. Zusätzlich kann man noch ein wenig Whisky hinzugeben oder den Apfelsaft gegen Cidre austauschen. Das Moppen sollte man nicht übertreiben, denn jedes Mal, wenn man den Ofen öffnet, fällt die Temperatur und die Garzeit verlängert sich. Ich moppe jede Stunde einmal.

Wenn die gewünschte Kerntemperatur erreicht ist, kann man das gute Stück aus dem Ofen nehmen. Das Fleisch in Alufolie einwickeln und 60 Minuten ruhen lassen, damit es sich entspannt und der Fleischsaft verdickt. Den Braten mit zwei Gabeln auseinanderzupfen, dabei immer in Richtung der Faser des Fleischs „pullen", also ziehen. Von dieser Methode kommt auch der Name „Pulled Pork". Das Fleisch bis zur Verwendung (am gleichen Tag) kühl lagern.

20 g frische Hefe......40 g Zucker......1 TL Salz......40 g Butter
1 Ei......435 g Mehl......1 Eiweiß zum Bestreichen

Die Hefe mit dem Zucker und dem Salz in 170 ml lauwarmem Wasser auflösen. Die Butter, das Ei und das Mehl in eine Schüssel geben und zunächst 150 ml vom Hefewasser angießen, bei Bedarf den Rest, bis ein elastischer Teig entsteht. Alle Zutaten mindestens 5 Minuten miteinander vermengen und den Teig zu einer Kugel formen. Diese bemehlen und abgedeckt etwa 60 Minuten an einem warmen Ort gehen lassen.

Ein Backblech mit Backpapier auslegen. Den Teig auf einer bemehlte Arbeitsfläche gut durchkneten und zu sieben bis acht gleich großen Kugeln formen. Die Kugeln mit etwas Abstand auf das Blech legen. Die Kugeln sollten eine glatte Oberfläche ohne Risse haben, damit sie beim Backen nicht aufreißen. Die Kugeln mit der Hand etwas flach drücken und mit einem Küchenhandtuch abgedeckt weitere 60 Minuten gehen lassen. Den Backofen auf 185 °C Ober-/Unterhitze vorheizen. Das Eiweiß mit 1 EL Wasser verrühren und die Teigrohlinge damit bestreichen. Die Brötchen 12–17 Minuten backen, bis sie leicht Farbe angenommen haben. Aus dem Ofen holen und auf einem Gitter auskühlen lassen.

FÜR DEN COLESLAW (AMERIKANISCHER KRAUTSALAT)

1 Spitzkohl......2 EL Salz......1 EL Zucker......50 ml Apfelessig

50 ml Sonnenblumenöl......1 TL Kümmel

Den Spitzkohl putzen, fein hobeln und mit Salz und Zucker würzen. Das Kraut mit den Händen durchkneten, bis es glasig wird. Mit Essig und Öl marinieren, etwas Kümmel dazugeben und 90 Minuten ziehen lassen. Vor dem Servieren erneut mit Salz abschmecken.

FÜR DIE BBQ-SAUCE

2 Zwiebeln......2 EL Sonnenblumenöl......2 EL brauner Zucker

200 ml Tomatenketchup......2 EL Weinbrandessig

1 EL Worcestersauce......4 EL Honig......Salz

frisch gemahlener schwarzer Pfeffer......Chiliflocken

Die Zwiebel schälen, fein hacken und in einem Topf mit dem Sonnenblumenöl glasig dünsten. Den braunen Zucker hinzufügen und die Zwiebeln karamellisieren lassen. Den Ketchup, den Weinbrandessig, die Worcestersauce und den Honig unterrrühren und kurz aufkochen lassen. Mit Salz, Pfeffer und Chiliflocken abschmecken.

Das Burgerbrötchen halbieren und die Unterseite großzügig mit der BBQ-Sauce bestreichen. Zunächst das Pulled Pork, dann den Krautsalat daraufgeben. Die obere Hälfte des Brötchens ebenfalls mit etwas Sauce bestreichen und auf den nun fertigen Burger legen.

aprikosen-galette

Herrlich frisch und fruchtig kommt diese feine Galette daher. Die Crème fraîche rundet diesen äußerst vorzüglichen Gaumenschmaus perfekt ab. Ich möchte fast behaupten, sie schmeckt nach Sommer pur.

....

APRIKOSEN-GALETTE
MIT CRÈME FRAÎCHE

ERGIBT 2 GALETTEN À 20 CM Ø

FÜR DEN TEIG

400 g Mehl......110 g Zucker......¼ TL Salz......225 g kalte Butter

FÜR DIE FÜLLUNG

750 g Aprikosen......1 TL Vanilleextrakt......4 EL Zucker......2 EL Mehl......40 g Marzipanrohmasse......2 EL Sahne

Mandelblättchen zum Bestreuen

Puderzucker und Crème fraîche, nach Belieben mit Zucker gesüßt, zum Servieren

❶ Mehl, Zucker und Salz in einer großen Schüssel vermischen. Die Butter in Würfel schneiden und zur Mehlmischung geben. Nur so lange mit den Handrührer vermengen, bis die Masse krümelig ist. Es dürfen noch erbsengroße Butterstücke zu sehen sein. In die krümelige Masse 120 ml kaltes Wasser geben und erneut kurz verrühren. Bei Bedarf noch ein wenig Wasser oder Mehl hinzufügen, bis ein glatter Teig entsteht. Diesen zu einer Kugel formen, flach drücken, in Klarsichtfolie einwickeln und 60 Minuten in den Kühlschrank legen.

❷ Den Backofen auf 220° C Ober-/Unterhitze vorheizen. Zwei Backbleche mit Backpapier auslegen. Die Aprikosen waschen, entkernen und vierteln. Die Früchte mit dem Vanilleextrakt und 2 EL vom Zucker in einer Schüssel vermischen und mit dem Mehl bestäuben. Den Teig halbieren und beide Hälften auf einer bemehlten Arbeitsfläche zu Kreisen von etwa 3 mm Dicke ausrollen. Die Kreise auf die Backbleche legen. Das Marzipan grob hacken und mittig auf beiden Teigkreisen verteilen, dabei ca. 3 cm Platz zum Rand lassen. Die Aprikosen ebenfalls auf beide Kreise verteilen und mit den Mandelblättchen bestreuen. Die Ränder der Teigkreise über die Aprikosen klappen. Die Mitte der Galetten bleibt offen. Die Ränder mit der Sahne bestreichen. Im vorgeheizten Backofen 30 Minuten goldgelb backen. Die Galetten mit Puderzucker bestäuben und mit einem Klecks Crème fraîche servieren.

☛ Mit einem Porzellanstift kannst du den Namen des Gerichts auf einen Teller schreiben. Dann wissen die Picknicker sofort, was gleich kredenzt wird.

Ich liebe, liebe, liebe die Kombination aus Blaubeeren und Zitrone. Die Prise Kardamom ist hier das i-Tüpfelchen für dieses himmlisch duftende, softe Gebäck. Und das Allerbeste ist: Die tollen Rollen werden schon direkt in ihrem Transportgefäß gebacken!

....

BLAUBEER-ZITRONEN-SCHNECKEN
ERGIBT CA. 8 SCHNECKEN

FÜR DEN TEIG

45 g Butter

145 ml Milch

17 g frische Hefe

45 g Zucker

1 gute Prise Salz

1 gute Prise gemahlener Kardamom

310 g Mehl zzgl. Mehl für die Arbeitsfläche

FÜR DIE FÜLLUNG

30 g Butter (Raumtemperatur)

60 g Blaubeermarmelade

35 g frische Blaubeeren

abgeriebene Schale von ½ Bio-Zitrone

35 g Zucker

1 Ei

1 TL Milch

FÜR DIE GLASUR

70 g Puderzucker

1 EL Milch

❶ Eine Auflaufform (etwa 15 x 28 cm) mit Backpapier auslegen. Für den Teig die Butter in einem kleinen Topf schmelzen lassen. Die Milch hinzufügen, leicht erwärmen (auf etwa 38 °C) und vom Herd nehmen. Hefe, Zucker, Salz und den Kardamom hinzugeben und rühren, bis sich alle Bestandteile vollständig aufgelöst haben. Das Mehl in eine große Schüssel geben und die flüssigen Zutaten zugießen. Alle Zutaten mit einem Teigschaber vermischen. Anschließend den Teig mit den Händen sorgfältig verkneten. Falls er an den Fingern klebt, noch etwas Mehl hinzufügen. Den Teig zu einer Kugel formen, mit einem Küchentuch abdecken und 30 Minuten an einem warmen Ort ruhen lassen. Die Arbeitsfläche mit etwas Mehl bestäuben. Den Teig nochmals gut durchkneten und anschließend zu einer dünnen rechteckigen Fläche von etwa 30 x 50 cm ausrollen. Mit der weichen Butter und der Blaubeermarmelade bestreichen.

❷ Die Blaubeeren waschen und trocken tupfen. Den Zucker mit der Zitronenschale in einer kleinen Schüssel vermischen und großzügig über den Teig streuen. Die Blaubeeren darauf verteilen. Den Teig von der Längsseite her aufrollen und die entstandene Rolle mit einem scharfen Messer in 2,5 cm dicke Scheiben schneiden. Die Teigschnecken nebeneinander in der Auflaufform platzieren. Mit einem Küchentuch abdecken und 30 Minuten gehen lassen. Den Backofen auf 250 °C Ober-/Unterhitze vorheizen. Das Ei mit der Milch verquirlen, die Schnecken damit bestreichen und 14 Minuten im vorgeheizten Backofen backen. Die Form aus dem Ofen nehmen und die Schnecken in der Form abkühlen lassen.

❸ Für die Glasur den Puderzucker mit der Milch verrühren und über die Blaubeer-Zitronen-Schnecken träufeln.

☛ Die Blaubeeren lassen sich wunderbar durch Him- oder Brombeeren austauschen. Dabei einfach die Marmelade ebenfalls anpassen. Wer die Schnecken einzeln backen möchte, legt sie im Abstand von 5 cm auf ein Backblech. Die Backzeit verkürzt sich dadurch etwas. Zum Transport decke ich die Form mit etwas Alufolie ab.

Heidewitzka! Diese kleine Brownietarte lässt mein Herzchen jedes Mal vor Freude hüpfen.
Sie ist nicht nur ratzfatz zubereitet, sondern schmilzt ebenso fix auf der Zunge.
Ein Schokoladenträumchen zum Verlieben.

....

HIMBEER-BROWNIE-TARTELETTES

ERGIBT 4 TARTELETTES À 10 CM Ø

F ÜR DIE TARTELETTES

200 g Zartbitterkuvertüre......60 g Butter......90 g Zucker......60 ml Sahne
125 g Himbeeren......3 Bio-Eier......25 g Mehl

❶

Den Backofen auf 150 °C Ober-/Unterhitze vorheizen.
Vier kleine runde Förmchen (10 cm Ø) einfetten.

Die Kuvertüre grob hacken und mit der Butter, dem Zucker und der Sahne in einer Glasschüssel über dem Wasserbad erwärmen, bis alle Zutaten geschmolzen sind und eine glatte Masse entsteht.
Zum Abkühlen beiseitestellen.

Die Himbeeren waschen und trocken tupfen.
Die Eier mit dem Mehl in einer kleinen Schüssel gut verquirlen und mit der Schokoladenmischung verrühren. Den Teig in die vorbereiteten Förmchen füllen und mit den Himbeeren garnieren.
35–40 Minuten im vorgeheizten Backofen backen, die Holzstäbchenprobe machen.
Direkt vernaschen oder im Förmchen zum Picknick transportieren.

➡

Zum Backen eignen sich sowohl kleine Springformen
und Pfännchen als auch flache Glas- oder Keramikschalen.
Die Himbeeren lassen sich perfekt durch Brombeeren oder Erdbeeren ersetzen.

REZEPTÜBERSICHT

HERAUSSPAZIERT IN DEN ZIRKUSWALD

EIN PICKNICK AM SEE

REGISTER

BEZUGSQUELLEN

Zum Glück gestrandet

Seite 11: Ahoi-Stempel von bastisRIKE (www.bastisrike.de), Garn von Garn & mehr
(www.garn-und-mehr.de)

Seite 15: Praktische und hübsche Schüsseln fürs Picknick gibt's bei Urbanara (www.urbanara.de).
Dank Gummiring und Gummiband kleckert nichts!

Lust auf Karibik

Seite 30, 31: Decke von Villa Smilla (www.villa-smilla.de), Schild von Objektkult online
(www.objektkult-shop.de), Papagei und rosa gestreifte Gläser von Depot, Köln

Seite 39: Stempel von Fischers Lagerhaus (www.fischers-lagerhaus.de), Servietten von Habitat, Köln

Seite 42: Schild von Objektkult online (www.objektkult-shop.de), Löffel von Zara home, Köln

Seite 45: Emaillelöffel von Shabby Style (www.shabby-style.de)

Seite 49: Glasfläschchen von H&M home, Köln, Teller von tineK home (www.tinekhome.com),
Stempel von Fischers Lagerhaus (www.fischers-lagerhaus.de), rosa gestreifte Gläser von Depot, Köln

Jessis Midsommar

Seite 62, 63: Weißes Besteck & Gläser von Car Möbel (www.car-moebel.de),
große Sitzkissen von Design3000 (www.design3000.de), Porzellan von 3 Punkt F (www.3punktf.de)
und privat, Cocktailgläschen & Strohhalme von Blueboxtree (www.blueboxtree.com),
Namensanhänger von Miliaink. (www.miliaink.com)

Seite 66, 67: Blumen und Anleitung für den Blumenkranz von Tollwasblumenmachen
(www.tollwasblumenmachen.de)

Seite 69: Strohhalme und Gläser von Blueboxtree (www.blueboxtree.com), Getränkespender
von Partyerie (www.shoppartyerie.de) oder über Blueboxtree (www.blueboxtree.com)

Seite 73: Karton von Garn & mehr (www.garn-und-mehr.de)
Anhänger von Miliaink (www.miliaink.com)

Seite 74: Gläser von Car Möbel (www.car-moebel.de)

Seite 79: Geschirrtuch von Villa Smilla (www.villa-smilla.de), Cupcakeförmchen von Blueboxtree
   (www.bluebotxtree.com)

Seite 80: Teller von 3 punkt F (www.3punktf.de), Gabeln von Zierrat und Gold
   (www.zierratundgold.bigcartel.com)

Seite 88: Milchreis-Schild von Miliaink. (www.miliaink.com), Gläser von Car Möbel
   (www.car-moebel.de)

Seite 91: Teller & Becher vom Trödel

HERAUSSPAZIERT IN DEN ZIRKUSWALD

Seite 105: Gabeln und Pappteller von minidrops (www.minidrops.de)

Seite 106, 113: Blankotickets, von Feine Billeterie (www.feine-billetterie.de), hier selbst bestempelt

Seite 110: Sepiatinte z.B. von Bosfood (www.bosfood.de)

Seite 125: Becher mit Verzierung von minidrops (www.minidrops.de)

EIN PICKNICK AM SEE

Seite 139: Stempel von bastisRike (www.bastisrike.de)

Seite 139, 151: Weißer Teller von Villa Smilla (www.villa-smilla.de)

Seite 144: Geflochtene Keramikschale von Bertine (www.bertine.de)

Seite 156: Schwarzer Teller von 3 punkt F (www.3punktf.de)

Seite 128: Stempel von karamelo (www.karamelo.de)

JETZT BIST DU DRAN

Auf den folgenden Seiten haben wir dir ein paar DIYs für dein Picknick
zusammengestellt... viel Spaß!

Die Vorlagen einfach kopieren, ausschneiden, ausfüllen
und deine Freunden zum Picknick einladen...

*Auf zum Picknick
am Strand ...*

Ahoi

EINLADUNG

Komm zum

Midsommar -

Picknick

_____

_____

_____

_____

_____

ZIRKUSPICKNICK

_____

_____

_____

KOMM MIT
ZUM PICKNICK AM SEE

_____

_____

_____

_____

An die Schere,
fertig, los!

Für dein Picknick am Strand:

INGWER–ROSMARIN-*Limonade*   INGWER–ROSMARIN-*Limonade*

INGWER–ROSMARIN-*Limonade*   INGWER–ROSMARIN-*Limonade*

INGWER–ROSMARIN-*Limonade*   INGWER–ROSMARIN-*Limonade*

INGWER–ROSMARIN-*Limonade*   INGWER–ROSMARIN-*Limonade*

ICH WILL MEER ICH WILL MEER

ICH WILL MEER  ICH WILL MEER

ICH WILL MEER 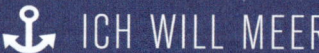 ICH WILL MEER

ICH WILL MEER 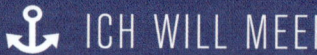 ICH WILL MEER

Lust auf Karibik

Die exotischen Vögelchen ausschneiden
und auf Wäscheklammern kleben.
Gut trocknen lassen.
So kann jeder Picknickgast sein Glas markieren und
nach einer Tanzeinlage auch wiederfinden.

Für deinen
Midsommar

Diese kleinen Anhänger kann man immer gebrauchen, einfach ausschneiden, lochen und
mit einer kleinen Schnur an die Lieblingspicknicksachen hängen…

WILLKOMMEN IM ZIRKUSWALD

Etiketten ausschneiden und auf eine kleine Flasche kleben,
mit Namen der Gäste oder mit dem Namen des Inhalts versehen ...

PICKNICK AM SEE

Diese kleinen Schildchen sehen hübsch an der Honig-Senf-Butter, dem Minzpesto und der BBQ-Sauce aus.
Ausschneiden, auf das Gläschen mit dem entsprechenden Inhalt kleben und lospicknicken.

HONIG-SENF-
BUTTER

HONIG-SENF-
BUTTER

MINZPESTO

♥ ♥ ♥

MINZPESTO

♥ ♥ ♥

BBQ-SAUCE

BBQ-SAUCE

♥ ♥ ♥

♥ ♥ ♥

DEINE
PICKNICK-CHECKLISTE

Decke und Kissen

☐

Tablett, Brett oder Kiste als Tisch

☐

Geschirr, Gläser und Besteck

☐

Kühlakkus

☐

Servietten und Strohhalme

☐

eine kleine Mülltüte

☐

passende Deko zum Motto (siehe S. 168–174)

☐

lauter Leckereien

☐

Sonnencreme & Mückenmittel

☐

ein Lächeln für Surfer,
Spaziergänger und neidische Passanten

☐

Impressum

© 2015 𝓊𝓊 Neuer Umschau Buchverlag, Neustadt an der Weinstraße

Rezepte und Texte
Julia Cawley, Ulrike Dittloff, Jessi Hesseler,
Daniela Klein, Lisa Nieschlag, Susanne Schanz

Fotografie
Ulrike Dittloff auf den Seiten 6–29
Susanne Schanz auf den Seiten 30–61 außer 35, 37
Eileen Maes auf den Seiten 35, 37
Amanda Berens auf den Seiten 4, 5 sowie 62–95
Julia Cawley und Lisa Nieschlag auf den Seiten 94–125
Marcel Klein auf den Seiten 126–167
Vogelillustration auf Seite 168 www.freepik.com

Redaktion und Lektorat
Laura Reil, Neuer Umschau Buchverlag, Neustadt an der Weinstraße

Gestaltung und Satz, Art Direktion
Tina Defaux, Neustadt an der Weinstraße

Reproduktion
Blaschke Vision, Peter Blaschke, Laubach/Wetterfeld

Druck und Verarbeitung
Nino Druck GmbH, Neustadt an der Weinstraße

Printed in Germany
ISBN: 978-3-86528-798-4

Besuchen Sie uns im Internet
www.umschau-buchverlag.de